国家自然基金项目（71373077）资助

OPERATION MODELS OF
FUEL SUPPLY CHAIN
FORBIOMASS ELECTRICITYGENERATION

生物质发电燃料供应链运营模式研究

檀勤良　潘昕昕　王瑞武　高　瑞／著

BIOMASS ELECTRICITY

中国经济出版社
CHINA ECONOMIC PUBLISHING HOUSE
北京

图书在版编目（CIP）数据

生物质发电燃料供应链运营模式研究／檀勤良，潘昕昕，王瑞武，高瑞著．
北京：中国经济出版社，2017.10
ISBN 978-7-5136-4857-8

Ⅰ.①生… Ⅱ.①檀…②潘…③王…④高… Ⅲ.①生物能源—发电—供应链管理—研究—中国 Ⅳ.①F426.61

中国版本图书馆 CIP 数据核字（2017）第 227049 号

责任编辑	赵静宜
责任印制	巢新强
封面设计	华子图文

出版发行	中国经济出版社
印 刷 者	北京建宏印刷有限公司
经 销 者	各地新华书店
开　　本	710mm×1000mm　1/16
印　　张	11
字　　数	157 千字
版　　次	2017 年 10 月第 1 版
印　　次	2017 年 10 月第 1 次
定　　价	49.00 元

广告经营许可证　京西工商广字第 8179 号

中国经济出版社 网址 www.economyph.com 社址 北京市西城区百万庄北街 3 号 邮编 100037

本版图书如存在印装质量问题，请与本社发行中心联系调换（联系电话：010-68330607）

版权所有　盗版必究（举报电话：010-68355416　010-68319282）
国家版权局反盗版举报中心（举报电话：12390）　　　服务热线：010-88386794

序　言

"创新、协调、绿色、开放、共享"5大新发展思想是我国必须坚持的核心发展理念。"绿色"体现了我国对发展绿色能源的要求。为推动我国"政治、经济、文化、社会、生态"五位一体全面发展，因地制宜、合理开发和利用新能源及可再生能源必然是我国能源和电力行业改革的重要举措。2009年联合国气候变化峰会上，中国政府声明将大力发展可再生能源及核能，预计到2020年，非化石能源在我国能源结构中占比15%。2014年国务院下发的《能源发展战略行动计划（2014—2020年）》，将这一要求明确化，要求到2020年，非化石能源占一次能源消费比重达到15%，贯彻实施"绿色低碳"战略，着力优化能源结构。

生物质能是仅次于煤炭、石油和天然气3大常规能源的世界第4大能源，是当前消费量最大的可再生能源。美国、丹麦及德国等欧美发达国家从20世纪末就开始大力发展和利用生物质能源，并已基本实现了对生物质能的规模化应用和生产。2014年，全球木质颗粒产量达2410万吨，其主要产源为美国、德国、加拿大和瑞典等国。我国作为农业大国，生物质资源极为丰富，特别是农林剩余物。《生物质能发展"十二五"规划》中提到，我国每年可能源化利用的秸秆资源约3.4亿吨，可能源化的稻谷壳、甘蔗渣等约6000万吨；而每年可能源化的林业剩余物和能源植物约3.5亿吨；每年可能源化的城市生活有机垃圾约1.5亿吨。由此可见，我国生物质能源具有巨大的发展和利用潜力。生物质发电作为生物质能源利用的主要形式，近年来备受各国的重视。我国一直鼓励将生物质发电作为生物质能源利用的重要途径，并相继出台了一系列相关政策，通过给予生物质发电上网电价优惠等措施来大力扶持生物质发电产业。经过多年的努力，我国生物质发电企业已初步形成了从生物质燃料收集到生物质电能产出的供应链运作模式，截至2015年，我国生物质发电累计并网装机容量达1171万千瓦，预计到2020年底，生物质发电装机将达1500万千瓦以上。随着我国农林业经济的发展和生态文明建设的深化，生物质发电产业的规模将得到进一步扩大。

生物质燃料的稳定、可靠供应是保障生物质发电正常运作的关键因素。本书主要围绕生物质燃料供应模式展开研究，以协同学为主要指导方法，旨在通过不同方案和方法的比选寻找供应效率高，经济效益好同时兼具可操作性的生物质燃料供应模式。在此基础上，本书结合我国生物质燃料供应侧的实际特点，提出了相应的方案措施，为我国寻找科学、高效的生物质燃料供应模式，提高生物质发电行业的整体运作效率提供一定的参考和借鉴依据。

本书的研究主要有以下4方面的贡献：

（1）基于协同学理论，探索分析我国生物质发电供应链系统的协同学特性和初始协同控制参量，建立生物质发电供应链系统协同学模型，探析我国生物质发电供应链系统的序参量，分析生物质发电供应链系统的协同演化路径。

（2）明确我国生物质发电供应链系统的异质利益主体，依据生物质发电供应链系统异质利益主体协同度指标构建协同度模型，以探究分析我国生物质发电供应链系统的协同运作状态。

（3）将农村正式组织引入供应链中，探索这一条件下的燃料供应链运行模式，充分发挥正式组织的主导作用，有效保证燃料的质量、供应稳定性以及燃料价格的合理性。

（4）将农户的秸秆供给数量设置为模糊变量，分析不同供应链模式下的契约数量及秸秆供给情况。同时在模糊供给条件下，探讨了成本分担契约、收益共享契约和期货契约对生物质发电燃料供应链的影响，提升了农户对生物质发电燃料供应环节的参与度。

本书是我结合近年来的部分研究成果及研究侧重整理归纳而成的，由于水平与能力所限，在生物质燃料供应链研究中的诸多方面本书尚未涉及，希望在后续的工作中能够进一步完善。本书难免有不足与错误之处，恳请国内外同行批评指正。

本研究得到了国家自然基金项目（71373077）等项目的资助，在此表示衷心的感谢。研究过程中参考了前人的研究成果；在调研过程中得到了许多生物质发电厂、电力公司等单位的大力支持；本书得到张兴平教授的指导和博士生刘源的帮助，在此一并表示感谢。

作者

2017 年 7 月

目录 CONTENTS

第1章 绪论 /1

1.1 生物质能发展及应用现状 /1
1.1.1 生物质能发展现状 /1
1.1.2 生物质发电现状 /4

1.2 生物质发电燃料供应现状及问题 /7
1.2.1 生物质发电燃料供应模式 /7
1.2.2 生物质发电供应过程中的问题 /8

1.3 文献综述 /11
1.3.1 生物质发电研究 /11
1.3.2 生物质发电燃料供应链研究 /13

第2章 生物质发电供应链系统异质利益主体协同度分析 /21

2.1 异质利益主体协同研究概述 /21
2.2 理论基础 /25
2.2.1 供应链协同理论 /25
2.2.2 复杂系统理论 /27

2.3 生物质发电供应链系统异质利益主体协同度指标体系 ………… /30
2.3.1 指标体系构建原则 ……………………………………… /30
2.3.2 协同度指标体系构建 …………………………………… /32
2.3.3 定性指标的赋值方法 …………………………………… /34
2.4 生物质发电供应链系统异质利益主体协同度模型构建 ………… /35
2.5 算例分析 ………………………………………………………… /38
2.5.1 模型计算 …………………………………………………… /38
2.5.2 计算结果分析 ……………………………………………… /45

第3章 生物质发电供应链系统的协同学研究 ……………………… /47
3.1 生物质发电供应链系统协同学研究概述 ……………………… /47
3.1.1 协同学研究现状分析 ……………………………………… /47
3.1.2 生物质发电供应链系统的协同学特性 …………………… /50
3.2 理论基础 ………………………………………………………… /51
3.2.1 协同学概论 ………………………………………………… /51
3.2.2 协同学主要概念和原理 …………………………………… /52
3.2.3 哈肯基本模型 ……………………………………………… /54
3.3 生物质发电供应链系统的协同控制参量探索 ………………… /55
3.3.1 协同参量探索分析 ………………………………………… /55
3.3.2 协同参量探索结果 ………………………………………… /56
3.4 生物质发电供应链系统的协同学模型构建 …………………… /57
3.4.1 郎之万方程 ………………………………………………… /57
3.4.2 生物质发电供应链系统的协同学模型 …………………… /58
3.5 算例分析 ………………………………………………………… /61
3.5.1 模型计算 …………………………………………………… /61
3.5.2 计算结果分析 ……………………………………………… /65

第4章 生物质发电燃料供应的系统动力学模型 …… / 67

4.1 理论基础 …… / 67
4.1.1 系统动力学理论 …… / 67
4.1.2 委托代理理论 …… / 71
4.1.3 演化经济学理论 …… / 74

4.2 生物质燃料供应链系统商业模型的构建 …… / 77
4.2.1 系统动力学方法的选择依据 …… / 77
4.2.2 生物质燃料产业价值链分析 …… / 78
4.2.3 生物质燃料运营模式系统动力学模型构建 …… / 84
4.2.4 本章小结 …… / 96

第5章 生物质燃料供应链系统动力学仿真 …… / 97

5.1 案例选取以及模型初值 …… / 97
5.2 模型仿真 …… / 100
5.3 模型动态分析 …… / 103
5.3.1 村委会的动态分析 …… / 104
5.3.2 收购站的动态分析 …… / 106
5.3.3 发电企业的动态分析 …… / 108
5.4 本章小结 …… / 110

第6章 生物质发电燃料模糊供应模型 …… / 111

6.1 理论基础 …… / 111
6.1.1 模糊数学理论 …… / 111
6.1.2 三角模糊数 …… / 113
6.2 农户—中间商—电厂模式下的模糊供给模型 …… / 114
6.2.1 分散决策下供应链协调 …… / 114
6.2.2 集中决策下供应链协调 …… / 119

6.3 农户—农村正式组织—电厂模式下的模糊供给模型 ………… / 121
　6.3.1 分散决策下供应链协调 ………………………………… / 121
　6.3.2 集中决策下供应链协调 ………………………………… / 122
6.4 案例分析 …………………………………………………………… / 123
6.5 本章小结 …………………………………………………………… / 126

第7章　生物质发电供应链契约协调研究 ……………………………… / 128
7.1 理论基础 …………………………………………………………… / 129
　7.1.1 供应链管理理论 …………………………………………… / 129
　7.1.2 供应链契约理论 …………………………………………… / 129
7.2 成本分担契约 ……………………………………………………… / 131
　7.2.1 双方成本分担契约 ………………………………………… / 132
　7.2.2 三方成本分担契约 ………………………………………… / 138
　7.2.3 案例分析 …………………………………………………… / 140
7.3 收益共享契约 ……………………………………………………… / 142
　7.3.1 分散决策 …………………………………………………… / 143
　7.3.2 集中决策 …………………………………………………… / 145
　7.3.3 案例分析 …………………………………………………… / 146
7.4 期货契约 …………………………………………………………… / 148
　7.4.1 模型构建 …………………………………………………… / 148
　7.4.2 案例分析 …………………………………………………… / 149
7.5 本章小结 …………………………………………………………… / 151

参考文献 …………………………………………………………………… / 153

索　引 ……………………………………………………………………… / 165

第1章

绪 论

1.1 生物质能发展及应用现状

1.1.1 生物质能发展现状

生物质能源包括农林剩余物（如秸秆等）、城市垃圾剩余物和生产剩余物等，其利用方式主要有生物质发电、生物质成型燃料、生物质燃气和生物质液体燃料等。生物质资源具有以下优点：

（1）广泛分布易获取。生物质资源具有普遍性、易获取性，几乎在任何国家、任何地区都可以获得，并且价格低廉，生产过程简单。

（2）储量丰富且可再生。在光照下，植物通过光合作用，源源不断地将能量以生物质的形式储存在植物中，据推算，生物质能源的年生产量远远超过全世界总能源需求量，相当于目前世界总能耗的10倍，而生物质能源的开发利用量还不到总量的1%。

（3）低污染。发展生物质能源可以充分发挥清洁替代作用。生物质在燃烧过程中，基本没有硫化物的产生，其燃烧所释放的CO_2基本相当于其生长时所吸收的CO_2，所以生物质能源的碳排放量几乎为零。

（4）可储存。相较于风能和太阳能等清洁能源，生物质能以燃料的形式进行储存。

美国、丹麦和德国等国家20世纪末就开始大力发展和利用生物质能源，在这些国家，生物质能已经实现规模化应用和生产。截至2015年，全球生物质发电装机容量约1亿千瓦，其中美国1590万千瓦、巴西1100万千瓦，生物质热电联产已成为欧洲，特别是北欧国家重要的供热方式；全球生物质成型燃料产量约3000万吨，欧洲是世界上最大的生物质成型燃料消费地区，年均约1600万吨；全球沼气产量约为570亿立方米，其中德国沼气年产量超过200亿立方米，瑞典生物天然气满足了全国30%车用燃气需求；全球生物液体燃料消费量约1亿吨，其中燃料乙醇全球产量约8000万吨，生物柴油产量约2000万吨。

我国作为农业大国，生物质资源丰富，特别是农林剩余物。《生物质能发展"十三五"规划》中提到，我国可作为能源利用的农作物秸秆及农产品加工剩余物、林业剩余物和能源作物、生活垃圾与有机废弃物等生物质资源总量每年约4.6亿吨标准煤，我国生物质能源发展和利用的潜力巨大。大力发展生物质能源可以有效提高我国可再生能源利用比例，缓解能源压力，改善人居环境，对我国政治、经济、社会和环境等方面均会产生深远的影响。

（1）缓解能源压力。生物质能源作为可再生能源，分布广泛，具有广阔的应用前景，国内外生物质发电和生物质能成型燃料等技术相对成熟，可以进行大范围推广，推进化石能源的清洁替代。中国化石能源储量丰富，但人均占有量较少，并且中国对化石能源的消耗量巨大，我国煤炭、石油、天然气已探明储量仅分别为34年、13年和29年，站在国家能源战略的层面，必须大力发展可再生能源，并对我国的能源结构进行调整。

（2）改善生态环境。化石能源燃烧产生大量的硫氧化物和氮氧化物，对环境造成严重污染，并且化石能源的过度开采还会对当地植被造成严重破坏。每到收获季节，为了抢收抢种，虽然从国家到地方政府均出台了秸秆禁烧政策，但秸秆焚烧现象仍屡禁不止，严重污染了大气环境。此外，秸秆随意丢弃现象也较严重，造成了极大的浪费。如果农作物秸秆能够得到充分的利用，不仅可以使环境问题得到改善，还能为农民带来一定的收益，达到一举多得的效果。

（3）解决"三农"问题，促进农业产业结构升级，改善农业生产经营管理方式，推动林业经济发展，有利于创造就业机会，增加农民收入，有利于发展绿色能源、促进农村工业的发展，有利于优化农村能源结构，改善生态环境，有利于优化农村生活环境。

截至 2015 年，我国生物质能利用量约为 3500 万吨标准煤，其中商品化生物质能利用量约为 1800 万吨标准煤，生物质能的利用已经具有一定的规模，如表 1-1 所示。

表 1-1 2015 年全国生物质能利用现状

利用方式	利用规模		年产量		折标煤
	数量	单位	数量	单位	万吨/年
1. 生物质发电	1030	万千瓦	520	亿千瓦时	1520
2. 户用沼气	4380	万户	190	亿立方米	1320
3. 大型沼气工程	10	万处			
4. 生物质成型燃料	800	万吨			400
5. 生物燃料乙醇			210	万吨	180
6. 生物柴油			80	万吨	120
总计					3540

数据来源：生物质能发展"十三五"规划

我国生物质发电技术基本成熟，2015 年生物质发电总装机容量为 1030 万千瓦，年发电量约 520 亿千瓦时，其中，农林生物质（秸秆等）直燃发电约 530 万千瓦，垃圾焚烧发电约 470 万千瓦，沼气发电约 30 万千瓦；我国生物质成型燃料具有产业化基础，2015 年生物质成型燃料年利用量约

800万吨；我国生物质燃气产业发展良好，2015年我国沼气理论产量约190亿立方米，其中规模化沼气工程约10万处，产气量约50亿立方米；我国生物质液体燃料产业处于发展初期，2015年我国生物柴油产量约80万吨，燃料乙醇产量约210万吨。

1.1.2 生物质发电现状

我国一直鼓励将生物质发电作为生物质能源利用的重要途径，并出台了《国家发展改革委关于完善农林生物质发电价格政策的通知》等政策，给予生物质发电优惠上网电价，以及其他相关的优惠政策，如发电量全部并网、退税、交通优惠等，对生物质发电产业进行大力扶持。我国生物质发电方式主要有农林生物质直燃发电、垃圾焚烧发电和沼气发电等，其中，农林生物质直燃发电是最主要的生物质发电方式。2014年，我国生物质发电装机容量超过9400兆瓦，比2005年增长了3.7倍。随着我国农林业经济的发展和生态文明建设，生物质发电产业规模将进一步扩大，《能源行业加强大气污染防治工作方案》中明确提出，到2017年实现生物质发电装机容量11000兆瓦。

在优惠政策的刺激下，各地生物质燃料制备公司以及机械设备制造公司大量成长起来，表1-2则列出了对应的燃料公司情况。

表1-2 燃料公司情况

编号	名称	地址
R001	福瑞斯沃德木业经销有限公司	黑龙江省哈尔滨市
R002	兴华木业有限公司	黑龙江伊春市
R003	沈阳蓝天环保颗粒有限公司	辽宁省沈阳市
R004	一能信生物质能源科技有限公司	辽宁省大连市
R005	博铭颗粒加工厂	天津市宁河县
R006	宏宇生物质燃料有限公司	天津市
R007	百实茂新能源发展有限公司	重庆市

续表

编号	名称	地址
R008	泓永胜生物质颗粒公司	河北省邢台市
R009	文安县大淀玉米种植合作社	河北省廊坊市
R010	大森林生物质能源颗粒公司	河北省邢台市
R011	龙铭生物能源科技有限公司	河北省廊坊市
R012	三木能源科技有限公司	河北省衡水市
R013	利岗农产品加工厂	河北省内丘县
R014	蔚蓝生物质能源有限公司	河北省邢台市
R015	聚新能源科技有限公司	河北省冀州市
R016	大森生物质能源有限公司	山东省菏泽市
R017	临清新能颗粒燃料有限公司	山东省临清市
R018	鸿亿生物燃料有限公司	山东省临沂市
R019	邦德瑞新能源有限公司	山东省青岛市
R020	夏津鸿润新能源有限公司	山东省德州市
R021	鑫地生物质能源有限公司	河南省商丘市
R022	三利热能开发有限公司	河南省方城县
R023	金燃生物质能源开发有限公司	安徽省霍邱县
R024	兴旺新型燃料有限公司	安徽省太和县
R025	新宇生物能源有限公司	安徽省合肥市
R026	瑞祺生物质颗粒厂	江苏省泗阳县
R027	邳州市汇昌生物质燃料公司	江苏省徐州市
R028	光大生物能源（灌云）有限公司	江苏省连云港市
R029	华农生物质能源有限公司	江苏省兴化市
R030	韩永生物能源有限公司	江苏省宿迁市
R031	铭盛新能源科技有限公司	江苏省宜兴市
R032	事强实业有限公司	上海市
R033	昂格瑞农业科技有限公司	湖北省武汉市
R034	林邦新能源有限公司	江西省九江市
R035	南昌欲超生物科技有限公司	江西省南昌市
R036	震声生物质能源发展管理公司	浙江省安吉县
R037	东阳江南生物质燃料颗粒厂	浙江省金华市
R038	绍兴明丰新能源	浙江省绍兴市

第 1 章 绪论

续表

编号	名称	地址
R039	横店宏博生物质燃料颗粒厂	浙江省金华市
R040	科行环保生物质颗粒有限公司	浙江省东阳市
R041	正立能源科技有限公司	浙江省富阳市
R042	洁源生物质燃料制品厂	浙江省安吉县
R043	进中生物食用菌有限公司	浙江省乐清市
R044	久泰生物质能源有限公司	浙江省临海市
R045	元和新能源有限公司	福建省政和县
R046	茂源生物颗粒厂	广西壮族自治区贵港市
R047	祥瑞生物质能源有限公司	广西壮族自治区桂平县
R048	合力生物燃料有限公司	广东省广州市
R049	绿迪新能源有限公司	广东省东莞市
R050	绿能生物质能源有限公司	广东省乐昌市
R051	八步区信都兴业木糠粒制品厂	广东省佛山市

当然由于我国生物质发电产业正处于发展阶段，在某些方面依然面临着严峻的考验：

（1）秸秆燃料收集成本高。目前，我国多数生物质电厂少有盈利，主要是由于秸秆燃料收集成本高，且占生物质电厂发电总成本的60%左右，严重制约我国生物质能产业的发展，近年来，各地秸秆收购价格依然保持着较高的增长速度；同时，同一地区多家生物质能源企业相互竞争，也是导致秸秆燃料收集困难的主要原因。

（2）运输成本高。在国家政策的扶持下，我国生物质产业迅速发展起来，同时也暴露出电厂选址及收储点选址方面存在的问题：一方面，电厂和收储点选址不合理导致运输距离过远，运输成本过大，农户运送秸秆不方便；另一方面，由于不合理地规划、审批新建生物质电厂，同一地区可能存在多家生物质能源企业，企业之间为收集秸秆而相互竞争，导致秸秆价格超出了企业所能承受的范围。

（3）建设成本高。生物质电厂单位容量机组投资成本约为火电厂的2

倍,但其在技术上并不具有明显的优势,过高的投资建设成本会影响可再生能源的竞争能力。我国生物质直燃发电机组中的设备大多由国外进口设备组成,在先进技术层面无自主知识产权的现状也成为制约生物质电厂发展的一个重要因素。

(4)燃料收集困难。我国目前的生物质发电企业大多采用生物质发电直燃技术,主要生物质燃料为农林剩余物(如秸秆)。农业和林业剩余物具有明显的季节性特征,这为生物质电厂的燃料持续稳定收集及储存带来了较大的挑战;其次,我国主要以家庭为单位种植农作物,农田散布、交通不便等因素影响了生物质发电企业和燃料收购中间商的积极性,同时也影响了农户售卖生物质燃料(如秸秆)的积极性,可见,我国农业种植方式和种植结构的特性制约着生物质发电燃料的收集和运输。此外,农户供给意愿弱,农事集中,抢收抢种,从事秸秆收集工作的劳动力普遍缺乏等方面的因素也在一定程度上增加了生物质燃料收集过程中的困难。

1.2　生物质发电燃料供应现状及问题

1.2.1　生物质发电燃料供应模式

目前生物质发电供应链的主要运营模式有2种,即农户—电厂;农户—中间商—电厂。其中,农户—中间商—电厂模式是当前的主流供应模式。中间商或者代理人受利益驱动,会主动到田间收集农户的秸秆,再经过干燥、打包等预处理后,运送到电厂。在这种模式下,农户前期资金投入较少，有利于供应链上游农户端供给数量的增加，同时也减少了电厂对干燥、打捆等设备的资金投入。但这种模式也存在诸多问题：①对中间商或代理人的资金实力有一定的要求。中间商或代理人不仅需要出资购买秸秆燃料打捆、运输等设备，还需要有秸秆燃料的储存仓库，在我国农村这样的大环境下具有较高的准入门槛。②中间商或代理人为了维持一定的利润水平，一方面与电厂讨价还价，要求较高的收购价格；另一方面，压低农户的收集价格，打压了农户供给秸秆的积极性，造成电厂秸秆收集困难、秸秆燃料供不应求。③随着新增生物质电厂的运行投产，对生物质秸秆的需求也逐渐增大，地区间生物质电厂可能存在恶性竞争、中间商哄抬收购价格等现象，这些都会导致价格偏离实际价值，从而影响电厂的正常运行，使整个供应链不断恶化。

对比而言，农户—电厂模式是最理想的供应模式，将中间商从整个供应链中去除，可以使农户和电厂在整个运行过程中获利。当然，在目前的条件下这样的模式仍存在较大的实施难度，其仅适合大规模农场化种植或小数量供应，主要原因如下：①在生物质秸秆被运送到电厂之前，需要进行收集、干燥、打捆等预处理，这些机器设备的价格相对较高，会导致前期资金投入较大，给农户造成过重的经济负担；②秸秆的收集工作需要大量的劳动力，而农村青壮年多选择外出打工，导致劳动力资源匮乏；③秸秆收集工作在农村的推广具有较大的阻力，农户供给意愿较弱，而电厂工作人员人数较少，寻租成本大；④种植分散，不利于机械化作业；⑤难以控制电厂对农户直接供给的秸秆质量，同时会额外增加电厂的检验、处理及人工成本，农户的无序供给也会额外增加管理成本。但是在机械化水平不断提高、种植规模不断增大的情况下，农户—电厂模式仍是生物质发电供应的最理想模式。

1.2.2 生物质发电供应过程中的问题

中国是一个农业大国，秸秆发电具有巨大的潜力。同时，促进生物质能的健康发展,不仅有助于缓解日益突出的能源短缺与环境问题,也可以有效增加农民收入,推进社会主义新农村建设。为此,我国政府出台了相应的扶持政策促进生物质发电产业的发展。但是,中国的生物质发电起步较晚,无论是在理论上还是实践中都存在很多问题:从理论上讲,国内外关于生物质发电方面的研究相对较多,但从供应链利益角度研究生物质发电的内容相对较少,还没有形成生物质发电供应链利益的系统化理论,也没有成熟的规则、程序和方法可以参考遵循;从实践上讲,中国实施生物质发电实践的时间较短,相关的实践经验不足,在这个过程中所遇到的困难不能得到及时的解决。从目前来看,除供应模式的选取有待进一步优化外,生物质发电供应实践中还存在如下问题:

(1)生物质电厂规划存在一定的问题。在国家出台一系列对生物质电厂的补贴扶持政策之后,各大发电集团及地方能源集团申报了一大批生物质发电项目,这也导致在秸秆资源相对丰富的地区往往存在多家生物质发电厂,不同的电厂间在秸秆收集过程中会产生恶性竞争,从而导致秸秆燃料收购价格脱离成本价格,使生物质发电企业面临亏损。

(2)种植分散,农户供给意愿较弱。我国农村实行家庭联产承包责任制,农户以家庭为单位进行种植活动,但我国人口众多,人均耕地面积相对较少,农作物秸秆分布分散,不利于大规模机械化生产。此外,田间交通不便,秸秆的收集、运输和存储成本较高,秸秆收集前期投入成本较大,造成农户供给意愿较低的局面。

(3)农民观念具有局限性,对生物质能认识不够充分。现阶段国家禁止秸秆焚烧,但由于农时的限制,农民可能会选择直接烧掉秸秆;另外,国家虽然对农民购买农机具有补贴政策,但农民对该信息的了解较少。

(4)秸秆供应链中生物质电厂、经纪人、农户三方得不到有效的沟通。生物质电厂处于弱势状态,不能主导分散在农户中的经纪人的收购价格,经纪人利润的不合理性将增加电厂的秸秆收集成本。与作物生产的季节性相同，秸秆的产生同样具有季节性，在农作物收割季节，中间商或经纪人将收购的秸秆集中运送到电厂或存储点，往往需要排队等待才能入库，效率低下。

（5）生物质发电厂盈利能力有限。秸秆收集成本高再加上电厂的运营维护、固定资产折旧等费用，按照现在的上网电价，若电厂没有其他的政策补贴，生物质电厂将处于亏损状态。

（6）契约合同不完善，存在潜在收购问题。生物质电厂与经纪人之间一般签订燃料质量合同，仅对供应的燃料质量有所约束，对供应数量却没有明确规定，因此，经纪人对价格更为敏感，更倾向于选择收购价格高的生物质发电企业。

（7）生物质发电供应链尚未成熟。虽然生物质发电企业已经形成了供应链运作模式，但远未成熟。作为生物质发电供应链的参与主体，生物质发电厂、中间商、农户等尚未形成共享生物质发电供应链利益的协同机制，还难以形成共赢的局面。

这些问题的存在严重影响了生物质发电原材料的持续供应，阻碍了生物质发电供应链的有效运营，因此研究包括政府在内的生物质发电供应链企业之间的合作激励问题十分关键。对经纪人的激励直接影响到生物质燃料的供应情况，对农户的激励将会促进整个地区生物质秸秆的供给，这就决定了要对农户的秸秆供应决策进行研究。在生物质发电供应链企业中同样存在着目标成员之间的利益协调问题，合理的激励既能保障生物质发电企业秸秆供应，又能提高农户及农村合作组织的收益，促进新农村的发展，为农村创造更多的工作岗位。

1.3 文献综述

1.3.1 生物质发电研究

随着世界能源体系的发展和进步，可再生能源的优势日益凸显，其地位的重要性正逐步得到世界各国的认同。生物质能作为可再生能源的重要组成部分，由于其具有储量可观、生产成本低及产能清洁等诸多优势，许多国家正逐步加大对生物质能源产业，尤其是对生物质发电产业的投资，并通过从国家层面制定相关扶持政策来支持生物质能源产业的发展，许多国外的学者针对生物质能及其发电行业的发展情况，从政策、成本、环境效益等多个角度开展了相关研究。Ebers 等[1]从政策范畴等方面分析了美国生物质发电政策，研究了政策的实施效果，并提供了洲际政策制定经验借鉴的有效途径。Caputo 等[2]在考虑总资本投资、能源销售和总体运营成本以及物流成本的基础上，评估了直燃和气化生物质发电厂的经济可行性和盈利能力。Klein 等[3]从气候变化的角度，分析了生物质能源利用过程中产生的温室气体量，并研究了影响温室气体产生量的因素。Mobini 等[4]建立了森林生物质物流框架模拟模型，以评估森林生物质交付生物质发电厂的成本。Gerber 等[5]建立了一个由木质纤维生产混合燃料和发电的全生命周期评估系统，并以环境为决策变量，讨论了影响环境作用的因素。Cosic 等[6]在考虑运输成本、运输距离和电厂装机容量等因素的基础上，分析了克罗地亚生物质发电厂针对不同生物质的燃料成本。Cucek 等[7]在生物质能源转化率最大化，环境和社会足迹最小化的基础上，针对生物质农业生产收集过程，建立了全生命周期的多目标优化模型，对生物质区域供应链进行优化。Kirsti 和 Jon[8]分析了生物质能源行业的发展现状和德国生物燃料的价值链，并探讨了生物质燃料供应商的发展机会和存在的威胁；Nunes、Matias 和 Catalão[9]通过调查研究发现葡萄牙生物质电厂燃烧用的生物质的质量和组成都是可变的，并分析了不同的组成和质量对生物质电厂运行情况的影响。

相较于欧美发达国家生物质发电产业化、规模化和成熟化的发展状况，我国的生物质发电产业起步较晚，无论从技术到政策各层面均处于初期探索阶段，因而拥有巨大的发展潜力和上升空间。数据显示，我国生物质能源储量巨大，当前理论生物质能源总储量约为 50 亿吨标准煤。根据国家中长期发展规划纲要，到 2020 年，我国生物质能源可开发总量要实现 15 亿吨标准煤的目标；到 2050 年，中国农村地区总能源消耗中生物质能源占比约为 13.8%，达到 2.88 亿吨标准煤。基于我国生物质能源的开发现状与前景，国内学者也从多个角度对生物质发电产业进行了深入探究。赵振宇等[10]运用 SWOT 分析方法，通过实证研究，回顾和评估了我国生物质发电产业存在的各种优势、劣势、机会以及威胁因素；分析了国家相关政策、法规对生物质发电产业的影响。高文永[11]对我国农业生物质能资源及产业发展现状进行实地调研和资料收集，系统分析了我国农业生物质能产业发展、分布格局、经济带动效应，揭示了农业生物质能产业链条、发展模式、组织管理与产业政策的运行机理。刘页辰[12]对我国分省份的农业生物质资源产出量、可收集量、折标量进行了定量研究，利用产业经济学理论以及系统动力学理论对我国生物质发电产业发展及其成长上限进行系统分析并提出相关的政策建议。蔡亚庆等[13]通过研究表明长江中下游、东北、华北等区域的秸秆资源可能源化利用潜力较大，青藏高原、黄土高原和西南地区秸秆资源可能源化利用潜力较低,根据各区域秸秆资源可能源化利用密度,分析了不同省份对于秸秆发电企业不同规模的需要或燃料乙醇企业的可实施性。

杨鹏宇[14]通过实地调研北京市的生物质能资源的分布情况,构建了指标评价体系对北京市生物质能资源状况进行了评价,又构建了灰色GM(1,1)和指数平滑模型对未来北京市生物质能资源变化进行了预测,最后对该地区生物质能应用现状的影响因素进行了研究。刘建胜[15]对全国的秸秆资源产量及分布状况进行了调查和分析,针对秸秆利用现状,提出因地制宜通过现代科技利用秸秆的建议。Ren等[16]对中国生物质能源发电与水能、太阳能、风能和核能等低碳能源发电在能源安全的可用性、可访问性和可接受性等方面进行了对比研究,得出生物质能源在增强中国能源安全方面具有较大的潜力。Tan等[17]从政策、资源、技术和市场等方面探析了中国林业生物质能源的利用潜力和挑战。Liu等[18]分析研究了中国生物质发电产业的现状、发展面临的问题,并提出了突破困境的有效方法和建议。闫庆友等[19]基于实证模型,分区域评价了中国生物质发电产业效率,并提出了相关提高产业效率的建议。陈聪等[20]在考虑运行成本最小、能耗最低和废气排放量最少的目标下,提出了生物质发电厂选址的优化方案。Wang等[21]基于政策收益实物期权模型,评估了中国生物质发电投资,得出了中国生物质发电的最优投资时机。

1.3.2 生物质发电燃料供应链研究

1.3.2.1 供应链模式研究

生物质燃料供应链系统是一个涉及"农村—企业—产业"的复杂系统,供应链是顺应"扩大生产"趋势,提高物流效率的产物,当企业扩大生产时,往往会通过与上游原料供应方和下游销售商进行协调,来保证采购、生产、销售等过程的顺利进行。国内外许多学者都对供应链的运行模式进行了深入的研究。谢莉娟[22]通过对制造商和经销商的势力研究，发现下游经销商的话语权逐渐增大甚至超越制造商，为了整合经销管理的渠道关系，提出了3种供应链模式；檀勤良[23]等在农户、中间商和电厂三级供应模式下建立动态博弈模型，在利润最大化条件下寻求均衡结果，并提出基金组织模式来激励农户。张永等[24]通过系统动力学建模对生物质能供应链进行模拟，分析秸秆价格、农户利润、企业受益和政府补贴之间的关系，建立生物质发电燃料供应链的运行机制；梁歌等[25]分析了在"农户+公司"模型和"农户+中间组织+公司"模式下，不同产品组合的物流成本和单位能量成本的高低；钱志新和唐高哲[26]利用集成化供应链理论和价值链分析理论，建立了生物质电厂集成化供应链系统的结构模型，协调优化供应、配送、生产等各个环节，从而实现整个系统的最优化；邢爱华等[27]首次提出"秸秆资源岛"这一概念，把秸秆的收集过程分为岛内秸秆采集与资源岛到电厂的收集。建立了描述秸秆收集过程成本、能耗和污染物排放的数学模型；通过对不同模式的研究，寻找最优的合作方案，解决生物质燃料收集难的问题，在增大电厂利益的同时调动农户供应秸秆的积极性。

  燃料收集作为生物质发电供应链中的重要环节，其与传统的煤炭运输、石油运输有着相似的模式。俞宏德等[28]所建立的物流模型通过对各种不同的生物质燃料物流方案的模拟、分析，展示了生物质燃料从储料场到电厂各环节之间的运输及处理过程。鲍香台等[29]通过分析秸秆收集与运输的运作流程，采用Arena软件对燃料收集运输问题实施了系统仿真，进而分析了不同的组合方式以及参数变化对于燃料收集运输系统所带来的影响，给出了秸秆压缩比和车辆选择对于系统优化方面的建议。张永等[30]将系统动力学原理运用到生物质能供应链的运作中，建立了农民、企业与政府三者之间的协调关系，旨在通过模拟找出三者之间围绕原料价格的利益关系，寻求供应链利润最大化的解决办法。钱志新等[31]利用集成化供应链管理理论和价值链重构分析理论，提出供应链的总体目标和实施框架，并规划建立了生物质电厂供应链中基于物流、信息流、资金流的整体优化解决方案和系统的结构模型，协调优化燃料采集、加工、配送、生产等各个环节，从而整合资源来提高系统整体最优化水平。周育红等[32]为了建立高效、科学的农作物秸秆收储运体系，提高秸秆的综合回收利用率，阐述了农作物秸秆收储用的国内外现状，立足于国内实际，建立相应的秸秆回收利用体系，并在综合分析的基础上提出了若干建议。

梁歌[33]等基于系统动力学理论建立了2种供应产品下的"农户+公司"和"农户+中间组织+公司"模型，并运用STELLA软件进行了仿真分析，优化供应原料组合。魏巧云[34]从供应链管理的角度，对发电秸秆的物流成本进行研究并分析了各环节物流成本构成要素，实证研究了秸秆机械收获成本、不同收集模式下的运输成本，以及不同储存方式下的储存成本等内容。邢爱华等[35]提出秸秆在资源岛内的采集完成后，再由资源岛将秸秆送达加工企业的过程，以此构成秸秆供应链中的收集过程。李正欣[36]认为生物质发电厂的燃料供应链始于生物质源头，止于发电厂，可直接从源头运至电厂，也可经由收集、预处理、以及转运等环节来完成供应过程。郝德海等[37]认为农作物稻秆的收集成本主要包括收购成本和运输费用两部分，收购成本指用于购买稻秆所要支付的成本，运输费用指将购买到的稻秆运输至企业所产生的成本。冯志华[38]运用AHP（层次分析法）和Delphi法对生物质发电产业发展环境的影响因素进行了SWOT定量分析。相龙方等[39]运用博弈论的方法研究了在生物质稻秆燃料发电推广过程中，农户、电厂和政府的协作行为关系，建立了三者之间的重复博弈模型，得出了纯策略的纳什均衡，探讨了政府在供应链中的影响。

同时，国内外学者也针对稻秆收集模式的经济性开展了相关的研究。Krukanonta和Prasertsanb[40]研究了泰国南半岛的生物质发电情况，在确定地区原材料供应密度的前提下，建立可确定最大原料供应量和发电厂规模大小的数学模型。Johansson 和 Limdqvist[41]在考虑价格、技术进步、能源政策的基础上对瑞典潜在的生物质能供应问题进行了探讨,采伐残余物的供应依赖于木材产品的需求且受生态、技术、经济因素的限制,并指出生物质能源将会与其他能源以及生物质的其他用途进行竞争,价格、技术进步受能源政策的驱动将成为未来生物质能源供应的主要影响因素。聂钰[42]在山东枣庄十里泉实地调研的基础上,针对十里泉发电厂3种可行的稻秆资源采购模式——自行采购、外包采购、产业化采购——进行定性和定量分析比较,并运用层次分析法找出了适合该电厂实际情况的最佳稻秆采购方式。王峰等[43]针对生物质燃料分布分散的问题,主要分析了收储点运输费用的构成,通过数据分析了生物质燃料物流活动。张展等[44]应用 GIS 技术提出的两点间最优路径的批量分析方法,研究了秸秆资源在相应区域内的最优化收集路径,分析了秸秆运输成本的相应特征。王胜曼[45]在分析稻秆收集模式的基础上,利用物流系统理论建立数学模型,对秸秆的运输、加工、装卸和储存等环节进行技术经济分析,对不同规模发电厂的稻秆收集、压缩、运输、储存等环节的物流方案进行了比较和设计。

此外,近年来对生物质物流系统的模拟和优化方面的研究也日益加深。Sokhansanj 等[46]建立了动态综合生物质供应分析和物流模型,来模拟生物质燃料的流动过程。Dyken 等[47]在考虑供应、运输、储存和不同生物质用户的基础上建立了线性混合整数模型,分析生物质能源的物流系统。Papapostolou 等[48]-[50]结合大规模混合整数规划模型和系统模拟的方法对生物质能供应链问题进行优化。Cucek[51]分析生物质能供应链中燃料收集、预处理、运输和能量转化等环节,建立了不同的"环境足迹"模型来反映不同环节对生态环境的影响,并建立了多目标规划模型对区域生物质能供应链进行优化。Gerber 等[52]考虑经济和环境问题,进而建立全生命周期评估集成模型探讨由木质纤维生产混合燃料和发电供应链系统。Awudu 和 Zhang 等[53]运用不确定性研究方法,在假定最终产品价格和需求服从几何布朗运动的前提下，构建了随机线性规划模型以实现目标利润的最大化。Vildan 和 Hüseyin[54]结合环境效益与不确定性研究方法，建立了多目标规划模型优化不确定条件下的闭环供应链。

1.3.2.2 供应链运行机制研究

对供应链运行机制的探索能够有效地优化生物质发电供应链，提高供应链的运行效率，并且可以最大限度地实现生物质发电供应链燃料供应端的成本优化。常见的供应链机制主要有以下 2 种方式：

1. 供应链协调机制研究

1999 年，供应链管理领域的著名学者 Anderson 和 Lee[55]提出了供应链协同的概念。Simatupang 和 Sridharan[56]认为供应链协同是指供应链成员通过信息共享和合作决策等方式共同运营，最小化利益冲突，创造竞争优势，获得更大的利益。不同的学者对供应链的定义有所不同，但是都包含了共享、合作、创造更大的价值和分享利润 4 个内容。

"供应链协同"的概念一经提出，便获得了全世界企业的认同和应用，学者们开始致力于供应链协同领域的研究，但是，在实际运用中，实现供应链协同的理念和目标却有一定的困难。Daugherty 等[57]指出供应链协同不应只考虑企业间的协同步骤和安排，应制订中长期的战略计划，以整合供应链资源，使利益最大化。一些学者开始着重研究影响供应链协同管理实施的因素，以期为供应链协同管理的实践运用提出建议，提高供应链协同管理的实施效果。Holweg 等[58]认为供应链成员对协同没有统一的理解，以及内部生产及库存控制和外部协同的难度，是供应链协同难以获得预期效果的原因。Sari 等[59]研究了在不同的供应链方案中，库存系统的不准确性对供应链协同效益的影响，结果显示，不精确的库存记录对供应链成员协同合作密切管理活动的影响更为巨大。Sheu 等[60]研究了供应链中供应商和销售商协同合作的社会与技术关键因素，包括供销关系紧密程度、沟通及信息分享、库存系统、供销商和分销商的内部协同和供销商—分销商间的协同等。网络时代的到来和电子商务的兴起，极大地改变了传统供应链结构，Cassivi 等[61]和刘胜华[62]分别对网络环境下电子协同工具对供应链成员的影响进行了研究分析。

随着对供应链协同研究的深入，学者们对供应链协同的具体策略和模式进行了相关研究。Larsen 等[63]研究了独立组织间协同的理论框架，认为协同式供应链库存管理（CPFR）是供应链协同管理的重要手段。而 Chen 等[64]模拟研究了 CPFR 的 4 种模式，结果表明，虽然零售商历来在供应链中发挥着枢纽作用，但是，将零售商驱动的供应链协同转变为制造商驱动的供应链协同更为可行。Co 等[65]建立了供应链利益主体协同合作战略选择的分析框架，认为当利益主体间信任程度低时，应采取积极的进攻型策略，反之，则应采取温和的合作型策略。有的学者从成本视角研究了供应链协同管理。Chen 等[66]研究了联合补货和渠道协调对供应链优化的影响，对比分析了 4 种共享一个生产设施的供应链模式（其生产策略和补货计划不同），提出了订货量折扣而节约成本的共享机制，以实现供应链成员间的帕累托最优。Kreng 等[67]通过对供应链协同中交叉停泊的研究，得出交叉停泊的配送策略可以极大地降低供应链成员的总成本，同时，销售商的订单量越大，节省的成本越多。有的学者对供应链协同程度的判定做了深入研究，Fu 等[68]对评价"供应商—分销商"模式的二级供应链存货决策的协同程度的方法进行了研究；Simatupang 等[69]在考虑供应链协同的 3 个主要内容，即信息共享、激励联盟和决策同步的基础上，提出了衡量供应链协同程度的协同度指标。未来，供应链协同管理的内容可能会逐渐转向大数据管理[70]和绿色供应链协同管理[71]。要实现供应链成员之间的协同运作、无缝连接，需要建立统一的机制对各个环节进行管理和协调，逐渐有学者将研究重点转为整个供应链系统。Ito 等[72]基于电子黑板和招标的思想建立了供应链协同系统，而 Sridharan 等[73]提出供应链协同应具有供应链协同绩效系统、供应链成员信息共享、决策同步、供应链流程集成和激励联盟等5个特征。

2. 供应链契约机制研究

供应链契约研究是供应链管理的重要组成部分，供应链各方在分散决策中，往往会追求个人利益最大化，会导致整个供应链绩效降低，产生"双重边际化效应"，这个现象引起国内外学者的关注。大量学者对收益共享契约、成本分担契约和期货契约等进行了研究，针对不同的问题和不同的供应链模式，设计有效的契约模式，来协调供应链各方的利润分配，进而保证供应链各方在分散决策和集中决策时都能产生最优结果，保证整个供应链的绩效最高。

Chow等[74]通过实验和分析建模的方法研究零售商最低利润分享对供应链系统绩效的影响，当最低利润分享比例增加时，供应商的平均利润和绝对风险降低，而零售商平均利润和绝对风险增加；Saha和Goyal[75]分别研究了联合回扣合同、批发价格折扣合同和成本分担合同对一个由制造商和零售商组成的二级供应链的协调作用，研究发现制造商和零售商在决策时并不总是能达到均衡，而具有较高议价能力的零售商在考虑3个合同时总是偏好批发价格折扣契约；Jin等[76]对中国电子消费市场中的批发价格契约和代销收入共享契约进行了研究，并对促销的决策权进行了讨论，发现批发价格契约下零售商决定促销权和代销收入共享契约下制造商决定促销权效果更好；Zhang等[77]则将模糊随机变量引入供应链系统中，分析了分散和集中系统中的最优订货量，以促进供应链协调；Hu等[78]在零售商需求和制造商产量都是随机的二级供应链中，研究期权契约和补货契约对零售商的最优订货策略和制造商的相应生产决策的影响；黄海明[79]在一个二级供应链中，对零售商占主导地位情况下的收益共享契约建立Stackelberg博弈模型，对由零售商占主导地位情况和供应商占主导地位情况下的收益共享契约进行了对比分析。

生物质发电供应链作为生物质发电过程中的重要环节，其高效、经济的运作方式有利于生物质发电行业的大力发展，而燃料的供应又是供应链的重中之重。如何科学、有效地提供合理的燃料供应模式，将直接关系到生物质发电的经济效益和发展潜质。因而，继续加深对生物质燃料供应链的探索就显得尤为重要。

第2章
生物质发电供应链系统异质利益主体协同度分析

生物质发电供应链系统异质利益主体的协同性直接影响到生物质发电供应链系统的协同运作,而异质利益主体的协同性所产生的协同效应可由协同度来测度。本书在学习借鉴前人关于协调度模型研究和协同学理论研究的基础上,基于文献[80]提出的"科技—经济"系统整体协调模型,将其引入了生物质发电供应链系统的协同研究中,并进行了合理的创新和改进,从协同学视角建立了生物质发电供应链系统异质利益主体协同度模型,以定量研究生物质发电供应链系统异质利益主体的协同状态,对生物质发电供应链系统的协同运作程度进行测算。

2.1 异质利益主体协同研究概述

异质利益主体是指拥有不同性质的具体利益的主体。在同一个系统中,各个异质利益主体都有保护己方利益的倾向性,但他们一般又拥有着共同的利益。因此,系统的协同运作可以帮助他们获得各自的利益,而系统的协同运作又取决于他们之间的协同度。

从2014年起，为了促进我国生物质能源的综合利用，各地方政府根据各地生物质生产和利用情况，先后颁布各项实施性强的政策参与到生物质发电供应链的运作中，以推进生物质能源的综合利用。主要有如下几种激励政策（见表2-1）。

表2-1 地方政府对生物质能源综合利用政策

省市	政策内容	文件来源
湖北	1. 对2016年底前和"十三五"期间建成的沼气发电项目每千瓦时补贴0.05元； 2. 对利用秸秆发电企业实行100%退税 3. 对2015年底前建成并网发电的秸秆农林生物质发电项目（沼气发电除外），在规定上网电价基础上补贴0.081元/kW·h（含17%增值税）	http://www.hubei.gov.cn/zhuanti/2016zt/yqhz/jjzx/201606/t20160605_844003.shtml（2016） 《关于给予秸秆农林生物质发电项目上网临时电价特殊支持措施的通知》（2015）
安徽	1. 对秸秆发电企业利用农作物秸秆发电实行财政奖补，补贴如下：水稻秸秆50元/t、小麦秸秆40元/t、其他农作物秸秆如油菜、玉米、豆类等30元/t； 2. 秸秆发电企业所在地人民政府与秸秆发电企业签订协议：明确政府企业双方的责任及权利义务；对秸秆发电企业年度收购量、利用量及财政奖补条件和标准等进行约定	《关于对农作物秸秆发电实施财政奖补的意见》（2014）
江苏	1. 鼓励发展秸秆生物质发电项目：重点抓好已建成生物质发电厂技术改造和运行管理，加大秸秆收储运体系建设，扩大秸秆利用量，提高运营效益；科学布局新的生物质发电企业，到2017年，全省生物质发电企业达20家、装机容量50万千瓦左右，秸秆利用量提高到150万吨； 2. 建设秸秆收储服务体系：按照政府推动、市场运作、企业牵头和农户参与的原则，大力发展"合作服务""村企结合""劳务外包"等多种形式的收储服务，特别要鼓励相关公司、企业深入村组和田间地头开展专业化收储业务，提高秸秆收储运输服务水平	《省政府关于全面推进农作物秸秆综合利用的意见》（2014）

续表

省市	政策内容	文件来源
辽宁沈阳市	1. 实施秸秆储运工程：建立以企业为龙头，农户参与，区县（市）政府、乡镇政府（街道）监管，市场化推进的秸秆收集和储运体系；2. 按照实际情况对秸秆收购站建设，给予适当补贴及奖励；2. 建立健全秸秆运输"绿色通道"，在不影响交通安全的情况下提供秸秆运输的便捷条件	《沈阳市人民政府关于加强农作物秸秆资源管理和综合利用工作的实施意见》（2015）
江西	1. 根据秸秆资源情况，合理布局秸秆发电项目，鼓励生物质能电厂与秸秆收储企业签订秸秆利用长期购销合同，优先收购利用秸秆，做到应收尽收；2. 加快构建秸秆收集储运体系：根据当地种植制度、秸秆利用现状和收集运输半径，积极培育秸秆收储组织，支持农业合作社、农业企业和经纪人等，因地制宜建设秸秆收集储运站，引导其与种植户（合作社）、秸秆利用企业建立长期产销合作关系，构建以企业为主体、市场化运作的秸秆收集储运体系，完善秸秆利用产业链；3. 加强对秸秆预处理的支持：秸秆初级加工用电价格按照农业用电标准执行	《江西省人民政府办公厅关于加快推进农作物秸秆综合利用和禁烧工作的指导意见》（2015）
河南省鹤壁市	1. 积极推广生物质发电，加快建设生物质热电联产项目，大力发展与之相配套的秸秆收运和初加工企业，使秸秆发电工程成为秸秆综合利用的重要渠道；2. 以国能浚县生物发电有限公司为重点，加大扶持力度，提升秸秆使用量	《鹤壁市人民政府关于促进农作物秸秆综合利用的实施意见》（2016）

各地方政府对生物质发电的激励政策主要体现在以下 3 个方面：

（1）禁止秸秆燃烧。禁止秸秆燃烧可以引导农户将秸秆用途由废弃转向能源利用，增强农户秸秆供应的积极性。

（2）强化政策支持。出台针对农户、中间商和生物质发电企业的优惠政策，如补贴和奖励等，以期形成以生物质发电企业为中心的成熟的供应链体系。

（3）建立健全秸秆收储运体系。促进形成秸秆收集、储运和销售产业体系，以提高秸秆收集率和利用率。

省级政府的积极参与推动了生物质发电供应链的运作，为了深入探究省级政府对生物质发电供应链协同的作用，本书将异质利益主体"政府"细化分为"中央政府"和"省级政府"。因此，在"农户—中间商—生物质发电厂"燃料收购模式下，生物质发电供应链系统主要有中央政府、省级政府、农户、中间商、生物质发电厂和供电公司等6个异质利益主体（见图2-1）。其中，中央政府和省级政府想获得的是可再生能源的有效利用、社会经济的可持续发展等宏观效益；农户的利益主要源于售卖秸秆的收入；中间商的利益主要着眼于向生物质发电厂供给秸秆所获得的利润；而生物质发电厂的利益主要在于电厂的运营效益；供电公司想获得成本较低，较适合并网且质量和安全性能高的电能。

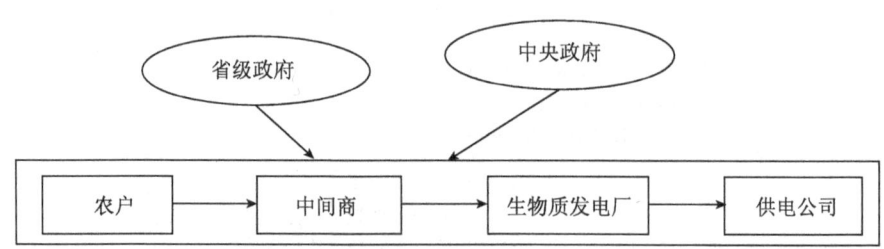

图2-1　生物质发电供应链异质利益主体关系

农户、中间商、生物质发电厂和供电公司通过生物质发电供应链的上下游关系从而形成生物质发电供应链系统的异质利益主体，其燃料收购模式为"农户—中间商—生物质发电厂"。政府主要通过颁布秸秆综合利用和生物质发电相关的政策来影响生物质发电供应链系统的运作，从而影响系统内异质利益主体的协同关系。正如前文所述，为了促进各地方生物质综合利用和生物质发电产业发展，省级政府已经根据各省生物质资源利用情况，制定了相关政策，积极参与到生物质发电供应链的协同运作中。然而，目前中央政府对生物质发电的政策主要是发电量完全上网和电价补贴，对秸秆综合利用政策主要为秸秆禁烧和促进综合利用发展等。中央政府政策稳定使生物质发电供应链系统的协同演化作用处于稳态，因此，本书研究的生物质供应链系统异质利益主体并不包含中央政府。同时，在排除生物质电厂发电机组重大更新的情况下，其与供电公司交易的上网电量是较为稳定的。近年来，由于中央政府上网电价政策的稳定，生物质发电厂与供电公司的交易上网电价也是基本稳定的。因而，供电公司对生物质发电供应链系统的协同演化作用也处于稳态，故本书所研究的生物质发电供应链异质利益主体也不包含供电公司。

综上所述，本书所研究的生物质发电供应链系统异质利益主体包含农户、中间商、生物质发电厂和省级政府。

2.2 理论基础

2.2.1 供应链协同理论

1999 年，供应链管理专家 David Anderson 和 Hau Lee 在共同撰写的文章 *Collaborative Supply Chain: the New Frontier* 中提出了供应链协同的概念，这标志着供应链管理从私有、共享、集成阶段，进入了供应链协同管理阶段。他们指出，供应链协同管理是供应链系统中各利益主体为了提高供应链整体效益和竞争力，实现共赢，而制定共同目标、协调运作并联合努力的运作过程，从而对供应链资源进行有效管理，并最大化利用的供应链运作模式。供应链协同管理的内容包括供应链各节点企业的需求协同、物流协同、库存协同、采购协同、采购协同和产品设计协同等多个方面；供应链协同管理形式包括供应链上各利益主体成员的内部协同和各利益主体成员间的协同。

　　供应链协同（Synergy）不仅仅是供应链成员企业间的合作（Cooperation）和协调运作（Coordination）。供应链合作指供应链中几个关键的成员企业进行基本信息共享和长期的合作关系；而供应链协调运作更为深入，指供应链成员企业通过网络信息平台和技术对关键信息进行长期连续的交换。供应链协同是指供应链上各利益主体成员之间基于承诺、信任、共同利益和信息共享等条件而进行的高层次的联合运作方式。供应链协同理论认为在越来越高的客户需求和越来越激烈的市场竞争中，单个企业不可能依靠自身在市场中取得一席之位。因此，供应链协同的作用在于发挥协同效应，使供应链组织整体的价值大于其各独立组成部分价值的总和，从而使作为协同体系中的一个企业比作为一个单独运作的企业能够取得更高的盈利能力。供应链协同可以使供应链上企业通过资源或业务行为的共享、市场营销和研究开发的扩散效益、企业的相似性和对企业形象的共享等方式来获得协同效益。在供应链协同中，协同效应发挥作用的大小在很大程度上取决于两个方面：一是在供应链运作中如何合理权衡供应链系统总体效益（系统目标）与各协作成员自身利益之间的矛盾；二是如何衡量供应链整体运作风险与各协作成员自身风险之间的关系。通过供应链利益主体成员之间的协同，成员企业可以取得更大的效益，从而使供应链和成员企业本身形成更大的竞争优势。要实现供应链协同，供应链上的各利益主体就要通过实现供应链关键领域的协同，如原材料的收购、订货量、产品生产、配送、库存和销售等。同时，供应链成员企业还可以通过自身和帮助上下游企业，实现从职能型组织向流程型组织的转变，使供应链运作中的成本、产品质量等得到优化，提升供应链绩效，以实现供应链协同管理。

供应链上的各成员企业都希望获得利益，因此，虽然供应链协同能够提升供应链整体绩效，但是，倘若协同所带来的利益不能对成员企业的生存和发展有利，各成员企业就不会参与到供应链协同当中来。通过实现供应链协同，供应链上的各成员企业可以共享资源和能力，创造新的市场和机会，而这些市场和机会是他们脱离供应链系统单独运营所无法获得的。实现供应链协同要求供应链上的各成员企业树立"合作共赢"意识，相互信任，实现信息和知识创新成果共享，协同决策等。供应链协同管理就是针对供应链网络内各职能成员间的合作所进行的管理，而这种管理的本质体现就是对各职能成员间的原材料和机器设备等有形资源、信息和文化等无形资源的整合。供应链协同的最终目标应该是向供应链终端客户提供更好的产品和服务，可以通过降低物流成本、交易成本、减少库存、提升上游企业的反应能力和改善产品性能等来实现。

2.2.2 复杂系统理论

复杂系统理论是系统科学的一个方向，它的主要目的在于揭示复杂系统（如生命系统、社会系统等）的本质和特征，到目前为止还未具有完整的理论体系和严格的定义，而是一系列思想理论的集合。

1. 系统的复杂性

系统的复杂性是复杂系统理论研究的重要前提，然而复杂性的定义是多样化的。John Horgan 在《科学的终结：面对科学时代黎明中的科学限制》一书中提到，国外学者已给出了 45 种复杂性定义，如分层复杂性、算法复杂性、随机复杂性、有效复杂性、同源复杂性、基于信息的复杂性、时间计算复杂性以及空间计算复杂性等。我国学者吴彤将复杂性定义归为信息类、熵类、描述长度或距离类、容量类、深度类、复杂性类、多样性类、独立参数个数或维数类、综合（隐喻）类。

本文通过对文献的查阅和阅读，将系统复杂性根源总结为如下几点：

（1）源于系统规模的复杂性。系统规模即系统所包含子系统的数目和种类，是系统复杂性的必要条件。

（2）源于系统所包含子系统间普遍存在的非线性作用的复杂性。

（3）源于系统多层次、多功能的复杂性。

（4）源于系统开放性的复杂性。复杂系统必然是开放的，它与环境有着密切的联系，能与环境相互作用，并能不断向更好地适应环境的方向发展变化。

（5）源于非平衡态、不可积性和不可逆过程的复杂性。

（6）源于系统智能的复杂性，系统在发展过程中能够不断地学习并对其层次结构与功能结构进行重组及完善。

2. 复杂系统理论

20世纪30年代起，学者们发现系统在局部形成整体时会涌现出不同于原来所具有的性质，整体与局部之间不再是简单的叠加关系；系统与外部环境物质流、信息流和能量流的交换让其状态处于不断地发展变化中，具有随机性，学者逐渐认识到系统的复杂性，并着手研究系统的复杂性，其间提出了很多新的思想和概念。这些新的发现不断地冲击着经典科学的传统观念，由此，复杂系统理论应运而生。复杂系统理论的发展可大致分为2个阶段：第一阶段是在20世纪前期发展形成的"系统论""信息论"和"控制论"，它们被称为"老三论"；第二阶段是20世纪后期形成的"耗散结构理论""协同学理论"和"突变论"，学者们称之为"新三论"。其中，协同学理论将在2.3节详细论述。

（1）系统论。1945年美籍奥地利生物学家Bertalanffy发表了《关于一般系统》的论文，催生了系统概念的形成，这是复杂系统理论的"开山之作"。

（2）信息论。1948年，Shannon在《通信的数学理论》一文中，提出了采用数学理论研究通信系统中所产生的信息传递普遍规律，用于提高信息传输系统的有效性和可靠性，这是一种狭义的通信信息论。随后，信息论被应用各个科学领域，扩展了其概念。但是，信息论忽略了社会科学基础，其在社会科学领域的应用具有一定局限性。

（3）控制论。1948年，Wiener出版的《控制论或关于在动物或机器中控制和通话的科学》奠定了控制论的理论基础，提出了控制论在线性系统下的基本模型。控制论的核心思想在于，自然界中存在的各种现象均可被看作是相互作用的复杂系统，均可用系统科学对其进行描述和分析；要实现对系统行为的控制，实现系统控制者的意图，就必须对整个复杂系统的运行情况非常熟悉，否则，仅从系统的某一子系统进行控制，就可能会引起系统其他子系统发生意外的结果。

（4）耗散结构理论。1969年，比利时物理学家I. Prigogine提出了耗散结构理论。耗散结构理论使用熵的概念来描述远离平衡态的开源系统的有序。在远离平衡的系统中，系统不断地从外界环境中获取物质流、能量流和信息流，从而使给系统带来的负熵抵消了系统自身的增熵，进而使系统的熵减少，使系统的有序化程度提高，从而形成新的稳定的有序结构。这种非平衡状态下新的动态稳定有序结构，就是耗散结构。

（5）突变论。1972年，法国数学家R. Thom在《结构稳定与形态发生学》中确立了突变论。他指出，系统从一种稳定状态进入稳定状态之后，略作变化便可进入到另一种稳定状态，这样就发生了突变。同时，R. Thom证明，当系统的控制参量不大于4个时，最多有7种突变形式，一般称之为7种初等突变模型，它们分别是：折叠突变模型、尖点突变模型、燕尾突变模型、椭圆脐点突变模型、双曲脐点突变模型、蝴蝶突变模型和抛物脐点突变模型。

除了上述"旧三论"和"新三论"，还有一些学者提出的理论也归属于复杂系统理论的范畴，例如，相变论（主要研究平衡结构的形成与演化）、混沌论（主要研究确定性系统的内在随机性）、分形理论（主要研究具有分形特征的系统自组织过程的复杂性图景)、超循环论(主要研究在生命系统演化行为基础上的自组织理论)等新科学理论。钱学森是我国复杂系统理论研究的代表学者,1990年,钱学森、于景远、戴汝为共同发表的《一个科学新领域——开放的复杂巨系统及其方法论》是我国复杂系统理论的一座里程碑。

2.3 生物质发电供应链系统异质利益主体协同度指标体系

2.3.1 指标体系构建原则

生物质发电供应链协同度指标体系是进行生物质发电供应链异质利益主体协同度测算的基础和前提,协同度的测算是否精准在很大程度上取决于协同度指标体系的构建是否合理、完善和科学。充分考虑我国生物质发电供应链系统的独有特点,生物质发电供应链系统异质利益主体的协同度指标体系的构建应遵循如下原则:

(1) 定量为主,定性为辅原则。生物质发电供应链系统是复杂的开源系统,从秸秆生长、收集,到秸秆售卖、运输和储存,再到秸秆预处理和燃烧发电,影响生物质发电系统协同运作的因素是多种多样的。然而,有的影响因素可以定量计算,但有很多因素不能或难以计算,为了全面地测算生物质发电供应链异质利益主体的协同度,应采用定量分析与定性分析相结合的原则。同时,考虑到定性分析总会不可避免地掺入主观因素,而影响协同度测算的客观性。因此,在坚持定量与定性指标相结合的原则下，应强调定量指标为主，定性指标为辅，以尽可能明确的数量分析来测度生物质发电供应链的协同运作。

（2）科学性原则。所谓科学性，是指协同度指标体系的构建，指标数据的采集、筛选和计算都必须以科学的理论为依据；指标的选取应符合生物质发电供应链系统协同运作的规律，对生物质发电供应链异质利益主体的协同程度起关键性作用。

（3）全面性原则。全面性要求协同度指标体系能够从各个方面反映供应链异质利益主体的协同程度，包括异质利益主体相对独立的指标和与其他异质利益主体相联系的指标。全面性反映了生物质发电供应链异质利益主体的系统性。

（4）统一性和差异性原则。本书所建立的协同度指标体系是针对多个生物质发电供应链系统的，因此，应提取各个生物质发电供应链系统的共性，遵循统一性原则。我国地域辽阔，不同地区气候差异较大，因而农作物的种植构成和种植数量也有较大的差异性，同时，由于各地区对生物质发电产业的重视程度和扶持程度不同，因此，我国生物质发电产业的发展具有地区差异性。所以，协同度指标在应用于某一特定的生物质发电供应链系统时，应根据该供应链系统的实际情况有所改进，因而协同度指标体系的构建应具有差异性和灵活性。

（5）可操作性原则。可操作性原则是指协同度指标的设置应具有实用性和可操作性。正如前文所述，生物质发电供应链系统是一个复杂的开源系统，其异质利益主体的影响因素必定有多种分解方法，倘若一味追求对异质利益主体的完全评价，将影响因素划分得过细，使指标过于复杂而细微，而使协同度模型结构过于复杂，便失去了实际运用的意义。因此，在构建协同度指标体系时，每个指标的内涵都应清晰明确，易于测量和计算。

（6）相互独立性原则。协同度指标体系应在纵向上层次分明，横向上以异质利益主体为界,类别清晰。同层次不同类别的指标应相互独立,唯有如此才能保证对同一因素不会重复测量计算。所谓相对独立性,是指协同度指标体系中的指标应不互相包容,但可能具有关联性。

(7)绝对指标和相对指标相结合的原则。对于生物质发电供应链系统异质利益主体协同度的测算中,不仅要了解各个环节的总量和规模,还要评价某些环节的密度和强度,这样才能更加全面、准确地对生物质发电供应链的协同运作程度进行评价。

(8)动态指标与静态指标相结合原则。生物质发电供应链系统是具有动态性的,某些供应链异质利益主体自身的参数及其与外界物质流、能流等交换相关的参数是具有明显动态特征的。因此,在构建协同度指标体系时,应充分考虑各指标的动态性,对某些难以获得的动态性参数,可选择采用静态指标来表达,以静态指标来分析动态参数。

2.3.2 协同度指标体系构建

明确了生物质发电供应链系统异质利益主体的内涵,明确本书所研究的生物质异质利益主体为农户、中间商生物质发电厂和省级政府,燃料收购模式为"农户—中间商—生物质发电厂"。因此,本书所研究的生物质发电供应链系统包含农户(S_1),中间商(S_2),生物质发电厂(S_3)和省级政府(S_4)4个子系统。

基于2.3.1所述的协同度指标体系构建原则,同时,经过对我国生物质发电供应链的运作情况和各异质利益主体,如农户、中间商、生物质发电厂等发展情况的走访和调研,对省级政府对生物质发电的鼓励政策的收集和整理,对我国生物质发电供应链系统进行深度探析,构建如表2-2所示的生物质发电供应链异质利益主体协同度指标体系。

表 2-2　生物质发电供应链系统异质利益主体协同度指标体系

供应链异质利益主体	协同度指标	指标解释
农户 S_1	秸秆收集成本 e_{11}（元/吨）	表示农户在田间收集秸秆时所付出的劳动成本和金钱成本
	秸秆政策了解程度 e_{13}	表示农户对国家和地区现有秸秆相关政策的了解程度
中间商 S_2	秸秆收购成本 e_{21}（元/吨）	中间商向农户收购秸秆时产生的成本，包括秸秆收集、购买和运输成本
	秸秆运输成本 e_{22}（元/吨）	中间商将秸秆从储存地处运到生物质发电厂途中产生的成本
	生物质合格率 e_{23}	生物质电厂所测度的中间商供应生物质的合格率，考察了中间商的专业性和信誉度
	契约履行程度 e_{24}	中间商对与生物质发电厂所签合约的履行程度
	秸秆供应价格 e_{25}（元/吨）	中间商向生物质发电厂供应秸秆的价格
生物质发电厂 S_3	生物质发电转化率 e_{31}（kg/千瓦时）	生物质发电厂每发一单位电所需要的生物质
	年秸秆收购量 e_{32}（万吨/年）	生物质发电厂每年的秸秆收购数量
	秸秆购买成本 e_{33}（元/吨）	生物质发电厂的年平均秸秆购买成本，包括秸秆收购价格和秸秆收购产生的一些人力、预处理和运输成本
	单位发电成本 e_{34}（元/千瓦时）	生物质发电厂年平均发电成本
	上网电价 e_{35}（元/千瓦时）	供电公司购买生物质电的价格，包括国家规定的电价补贴
省级政府 S_4	退税率 e_{41}	省政府关于生物质发电政策中的退税率规定
	电价补贴 e_{42}（元/千瓦时）	省政府给予生物质发电厂的电价补贴（国家规定的电价补贴除外）
	秸秆利用奖励 e_{43}（元/吨）	省政府对生物质发电厂的秸秆收购量达到一定数量，或一定比例时的奖励
	与电厂协议秸秆使用量 e_{44}（万吨/年）	省政府与生物质发电厂协定的秸秆使用量

由表 2-2 可知，农户子系统包括秸秆收集成本、秸秆售卖价格和秸秆政策了解程度等 3 项指标；中间商有秸秆收购成本、秸秆运输成本、生物

质合格率等5项指标；生物质电厂有生物质发电转化率、年秸秆收购量、秸秆收购成本等5项指标；省级政府有退税率、电价补贴、秸秆利用奖励等4项指标。

2.3.3 定性指标的赋值方法

上述指标体系中指标分为定量指标和定性指标，均可由调研得到。本书将定义定性指标农户子系统的秸秆政策了解程度和中间商子系统的契约履行程度的赋值方式。

1. 秸秆政策的了解程度

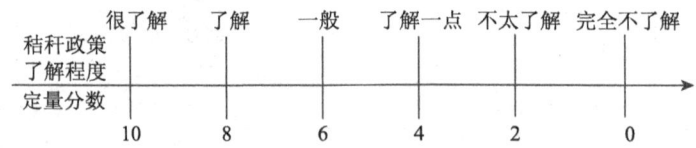

图2-2 秸秆政策了解程度评分标准

秸秆政策了解程度属于正向指标，其分越高，越有利于生物质发电供应链系统的协同演化。对农村进行走访，和农民进行深入交流，对一定区域的农民对秸秆相关政策，包括秸秆综合利用政策和秸秆禁止焚烧政策等的了解程度进行调查，将其对秸秆政策的了解程度分为：很了解、了解、一般、了解一点、不太了解和完全不了解，再根据图2-2的评分标准进行评分。对调查所得的数据进行整理、筛选和处理，取所有参与调查农户所获分数的平均值。

2. 契约履行程度

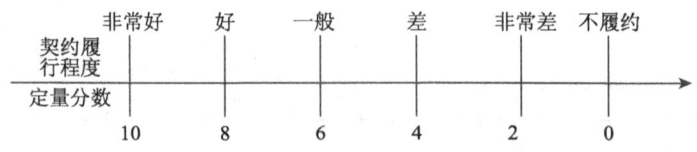

图2-3 契约履行程度评分标准

中间商的契约履行程度属于正向指标，其分越高，越有利于生物质发电供应链系统的协同演化。根据电厂提供的数据，统计中间商的契约履行次数。同时，与电厂相关工作人员深入交流，取得电厂对其合作的中间商的评价，结合中间商的履约次数和电厂评价，对中间商的履约行为进行界定，分为非常好、好、一般、差、非常差和不履约6个等级，并根据行为界定来确定定量分数。最终取所有中间商所获分数的平均值。

2.4　生物质发电供应链系统异质利益主体协同度模型构建

由2.1可知，本书所界定的生物质发电供应链系统S由农户S_1、中间商S_2、生物质电厂S_3和省级政府S_4等4个子系统组成，则$S=(S_1, S_2,\cdots,S_n)$，$n=4$。在生物质发电供应链系统S中，考虑子系统S_i，$i=1,2,\cdots,4$。影响子系统S_i的协同发展的协同参量为e_i，$e_i=(e_{i1},e_{i2},\cdots e_{ij},\cdots,e_{im})$，$e_{ij}$为协同度指标，$m \geq 1$。其中，设$\alpha_{ij}$和$\beta_{ij}$分别为生物质发电供应链系统临界点时$e_{ij}$的上下限，则$\alpha_{ij} \leq e_{ij} \leq \beta_{ij}$。

在生物质发电供应链系统的临界点，协同度指标的大小会随系统的演化而变化。而协同度指标的变化会对系统产生协同作用，从而促进系统的协同演化。协同度指标所产生的协同作用对系统的协同程度有正、负功效两种影响。其中正功效指标指协同度指标值增大，系统的协同程度也随之增大；负功效指标指协同指标值增大，系统的协同程度随之减小。为了方便描述，不妨设前k个协同度指标为正功效指标，k+1到m个协同度指标为负功效指标，则定义子系统的S_i协同度指标e_{ij}的有序度为

$$EC_j(e_{ij}) = \begin{cases} \dfrac{e_{ij}-\beta_{ij}}{\alpha_{ij}-\beta_{ij}}, j=[1,k] \\ \dfrac{\alpha_{ij}-e_{ij}}{\alpha_{ij}-\beta_{ij}}, j=[k+1,m] \end{cases} \quad (2-1)$$

协同度参量 $e_i = (e_{i1}, e_{i2}, \cdots e_{ij}, \cdots, e_{im})$ 对子系统 S_i 的有序度贡献可通过对协同度指标有序度 $EC(e_{ij})$ 的集成来实现，则子系统 S_i 的有序度为

$$OC_i(S_i) = \sum_{i=1}^{m} \omega_i \cdot EC_i(e_{ij}), i=1,2,\cdots,4 \quad (2-2)$$

其中，本书将采用熵值赋权法来确定协同度指标的权重 ω_i。熵值赋权法是一种客观赋权法，其赋权的思想主要在于以指标传递的信息量来确定指标的权重。其赋权依据主要来自于数据本身，因此，相较于层次分析法、德尔菲法等主观赋权法，熵值赋权法更适合于本书对生物质发电供应链系统异质利益主体协同状态的定量研究。熵值赋权法对协同度指标客观数值的差异性有弱化和强化的功能：当协同度指标客观数值差异较大时，表示该指标对系统的协同演化有较大的贡献，熵值赋权将这种贡献强化；当协同度指标客观数值差异不大时，表示该指标对系统的协同演化贡献较小，熵值赋权将这种贡献弱化。熵值赋权法的强化和弱化功能使主导生物质发电供应链系统协同演化的协同参量的作用更加明显，体现了协同学在临界状态"役使原理"和"绝热消去原理"的思想。

熵权法赋权的具体步骤如下：

（1）设系统 S 有 m 个指标 $e_i(i=1,2,\cdots,m)$，有 n 个评价对象 $j(j=1,2,\cdots,n)$。则由原始数据构造的判断矩阵为

$$E = \begin{Bmatrix} e_{11} & e_{12} & \cdots & \cdots & e_{1n} \\ e_{21} & e_{22} & \cdots & \cdots & e_{2n} \\ \cdots & \cdots & e_{ij} & \cdots & \cdots \\ \cdots & \cdots & \cdots & \cdots & \cdots \\ e_{m1} & e_{m2} & \cdots & \cdots & e_{mn} \end{Bmatrix} \quad (2-3)$$

(2) 将原始数据用极值处理法标准化。对于极小型指标采用式（2-4）的处理方法，对于极大型指标采用式（2-5）的处理方法。

$$x_{ij} = \frac{(e_{ij})_{\max} - e_{ij}}{(e_{ij})_{\max} - (e_{ij})_{\min}} \qquad (2-4)$$

$$x_{ij} = \frac{e_{ij} - (e_{ij})_{\min}}{(e_{ij})_{\max} - (e_{ij})_{\min}} \qquad (2-5)$$

标准化后的矩阵如式（2-6）所示。

$$X = \begin{Bmatrix} x_{11} & x_{12} & \cdots & \cdots & x_{1n} \\ x_{21} & x_{22} & \cdots & \cdots & x_{2n} \\ \cdots & \cdots & x_{ij} & \cdots & \cdots \\ \cdots & \cdots & \cdots & \cdots & \cdots \\ x_{m1} & x_{m2} & \cdots & \cdots & x_{mn} \end{Bmatrix} \qquad (2-6)$$

(3) 计算概率矩阵。按式（2-7）计算每个状态 x_{ij} 的概率，得概率矩阵 P_{ij}。

$$P_{ij} = \frac{x_{ij}}{\sum_{j=1}^{n} x_{ij}}, i = 1,2,\cdots,m; j = 1,2,\cdots,n \qquad (2-7)$$

(4) 计算熵值。每个状态 x_{ij} 的熵值可用式（2-8）计算。

$$H_{ij} = -\frac{1}{\ln n} p_{ij} \ln p_{ij}, i = 1,2,\cdots,m; j = 1,2,\cdots,n \qquad (2-8)$$

则第 i 项指标的信息熵为

$$H_i = \sum_{j=1}^{n} H_{ij}, i = 1,2,\cdots,m \qquad (2-9)$$

(5) 计算权重。则第 i 项指标的权重为

$$\omega_i = \frac{1 - H_i}{m - \sum_{i=1}^{m} H_i}, i = 1,2,\cdots,m \qquad (2-10)$$

生物质发电供应链系统的协同运作程度体现为生物质发电供应链异质利益主体的协同程度，而生物质发电供应链系统异质利益主体的协同

程度则由农户、中间商、生物质发电厂和省级政府的有序度集成而得，如式（2－11）所示。

$$CC = \sqrt[m]{\prod_{i=1}^{m} OC_i(S_i)} \tag{2-11}$$

2.5 算例分析

在本节中，将选择一个生物质发电供应链系统对上文构建的生物质发电供应链异质利益主体协同度模型进行算例分析，以示对理论和方法的运用。

2.5.1 模型计算

M 生物质电厂位于华北，装机容量为 30MW，锅炉为 130t/h 生物质专用振动炉排高温高压锅炉，发电设备采用我国较为普遍的秸秆直燃技术，主要采用"农户—中间商—电厂"的燃料收购模式。电厂自 2008 年成立以来，经过多年发展，逐渐形成了以其为核心的供应链系统。2014 年起，M 生物质发电厂所在省份陆续颁布了生物质发电的优惠政策，如额外的电价补贴、秸秆利用奖励等措施，积极促进生物质发电产业的发展。经过对 M 生物质发电厂的调研，根据 2.2 所构建的生物质发电供应链系统异质利益主体协同度指标体系，并利用 2.2.3 定性指标赋值方法，取得的基础数据如表 2－3 所示。

表2-3 M生物质发电供应链系统协同度测量初始数据

	2010年	2011年	2012年	2013年	2014年	2015年
秸秆收集成本 e_{11}	78	83	89	94	105	116
秸秆售卖价格 e_{12}	115	124	135	136	142	150
秸秆政策了解程度 e_{13}	5.5	6.5	7	7.5	8	8.5
秸秆收购成本 e_{21}	174	172	178	182	186	190
秸秆运输成本 e_{22}	35	37	39	42	47	52
生物质合格率 e_{23}	80%	84%	90%	88%	90%	89%
契约履行程度 e_{24}	8	8	7.5	7	8	8.5
秸秆供应价格 e_{25}	208	228	238	256	276	285
生物质发电转化率 e_{31}	1.73	1.69	1.72	1.65	1.6	1.5
年秸秆收购量 e_{32}	17	15	12	9	10	8
秸秆购买成本 e_{33}	228	254	269	297	322	335
单位发电成本 e_{34}	0.732	0.736	0.734	0.748	0.745	0.751
上网电价 e_{35}	0.75	0.75	0.75	0.75	0.75	0.75
退税率 e_{41}	100%	100%	100%	100%	100%	100%
电价补贴 e_{42}	0	0	0	0	0	0.081
秸秆利用奖励 e_{43}	0	0	0	0	40	40
与电厂协议秸秆使用百分比 e_{44}	0	0	0	0	30%	30%

生物质发电供应链系统的运作是动态的,生物质发电供应链系统异质利益主体的协同度体现的是异质利益主体的动态协调程度;同时,本书采取熵值赋权法,要求客观数据具有差异性。自2010年至今,生物质发电厂子系统的上网电价指标值和省级政府子系统的退税率指标值没有变化,为了计算的简洁性,剔除这两个指标,如表2-4所示。

表2-4 M生物质发电供应链系统协同度测量数据

	2010年	2011年	2012年	2013年	2014年	2015年
秸秆收集成本 e_{11}	1.00	0.87	0.71	0.58	0.29	0.00
秸秆售卖价格 e_{12}	0.00	0.26	0.57	0.60	0.77	1.00
秸秆政策了解程度 e_{13}	0.00	0.33	0.50	0.67	0.83	1.00

续表

	2010 年	2011 年	2012 年	2013 年	2014 年	2015 年
秸秆收购成本 e_{21}	0.89	1.00	0.67	0.44	0.22	0.00
秸秆运输成本 e_{22}	1.00	0.88	0.76	0.59	0.29	0.00
生物质合格率 e_{23}	0.00	0.40	1.00	0.80	1.00	0.90
契约履行程度 e_{24}	0.67	0.67	0.33	0.00	0.67	1.00
秸秆供应价格 e_{25}	0.00	0.26	0.39	0.62	0.88	1.00
生物质发电转化率 e_{31}	1.00	0.83	0.96	0.65	0.43	0.00
年秸秆收购量 e_{32}	1.00	0.78	0.44	0.11	0.22	0.00
秸秆购买成本 e_{33}	1.00	0.76	0.62	0.36	0.12	0.00
单位发电成本 e_{34}	1.00	0.79	0.89	0.16	0.32	0.00
上网电价 e_{35}	0.00	0.00	0.00	0.00	0.00	1.00
退税率 e_{41}	0.00	0.00	0.00	0.00	1.00	1.00
电价补贴 e_{42}	0.00	0.00	0.00	0.00	1.00	1.00

根据式（2-1）对农户、中间商、生物质发电厂和省级政府的协同度指标 e_{ij} 的有序度进行计算，可得表2-5。

表 2-5 M 生物质发电供应链系统协同度指标 e_{ij} 有序度

	2010 年	2011 年	2012 年	2013 年	2014 年	2015 年
秸秆收集成本 e_{11}	1.00	0.87	0.71	0.58	0.29	0.00
秸秆售卖价格 e_{12}	0.00	0.26	0.57	0.60	0.77	1.00
秸秆政策了解程度 e_{13}	0.00	0.33	0.50	0.67	0.83	1.00
秸秆收购成本 e_{21}	0.89	1.00	0.67	0.44	0.22	0.00
秸秆运输成本 e_{22}	1.00	0.88	0.76	0.59	0.29	0.00
生物质合格率 e_{23}	0.00	0.40	1.00	0.80	1.00	0.90
契约履行程度 e_{24}	0.67	0.67	0.33	0.00	0.67	1.00
秸秆供应价格 e_{25}	0.00	0.26	0.39	0.62	0.88	1.00
生物质发电转化率 e_{31}	1.00	0.83	0.96	0.65	0.43	0.00
年秸秆收购量 e_{32}	1.00	0.78	0.44	0.11	0.22	0.00
秸秆购买成本 e_{33}	1.00	0.76	0.62	0.36	0.12	0.00
单位发电成本 e_{34}	1.00	0.79	0.89	0.16	0.32	0.00

续表

	2010 年	2011 年	2012 年	2013 年	2014 年	2015 年
上网电价 e_{35}	0.00	0.00	0.00	0.00	0.00	1.00
退税率 e_{41}	0.00	0.00	0.00	0.00	1.00	1.00
电价补贴 e_{42}	0.00	0.00	0.00	0.00	1.00	1.00

为了计算各项指标的熵权，根据式（2-7）计算得概率矩阵 P_{ij}，如式（2-12）所示。

$$P_{ij} = \begin{Bmatrix} 0.29 & 0.25 & 0.21 & 0.17 & 0.08 & 0.00 \\ 0.00 & 0.08 & 0.18 & 0.19 & 0.24 & 0.31 \\ 0.00 & 0.10 & 0.15 & 0.20 & 0.25 & 0.30 \\ 0.28 & 0.31 & 0.21 & 0.14 & 0.07 & 0.00 \\ 0.28 & 0.25 & 0.22 & 0.17 & 0.08 & 0.00 \\ 0.00 & 0.10 & 0.24 & 0.20 & 0.24 & 0.22 \\ 0.20 & 0.20 & 0.10 & 0.00 & 0.20 & 0.30 \\ 0.00 & 0.08 & 0.12 & 0.20 & 0.28 & 0.32 \\ 0.26 & 0.21 & 0.25 & 0.17 & 0.11 & 0.00 \\ 0.39 & 0.30 & 0.17 & 0.04 & 0.09 & 0.00 \\ 0.35 & 0.27 & 0.22 & 0.12 & 0.04 & 0.00 \\ 0.32 & 0.25 & 0.28 & 0.05 & 0.10 & 0.00 \\ 0.00 & 0.00 & 0.00 & 0.00 & 0.00 & 1.00 \\ 0.00 & 0.00 & 0.00 & 0.00 & 0.50 & 0.50 \\ 0.00 & 0.00 & 0.00 & 0.00 & 0.50 & 0.50 \end{Bmatrix} \quad (2-12)$$

根据式（2-8）计算熵矩阵 H_{ij}，如式（2-13）所示。

$$H_{ij} = \begin{Bmatrix} 0.20 & 0.19 & 0.18 & 0.17 & 0.12 & 0.00 \\ 0.00 & 0.11 & 0.17 & 0.18 & 0.19 & 0.20 \\ 0.00 & 0.13 & 0.16 & 0.18 & 0.19 & 0.20 \\ 0.20 & 0.20 & 0.18 & 0.15 & 0.10 & 0.00 \\ 0.20 & 0.19 & 0.18 & 0.17 & 0.12 & 0.00 \\ 0.00 & 0.13 & 0.19 & 0.18 & 0.19 & 0.19 \\ 0.18 & 0.18 & 0.13 & 0.00 & 0.18 & 0.20 \\ 0.00 & 0.11 & 0.14 & 0.18 & 0.20 & 0.20 \\ 0.20 & 0.18 & 0.19 & 0.17 & 0.14 & 0.00 \\ 0.20 & 0.20 & 0.17 & 0.08 & 0.12 & 0.00 \\ 0.21 & 0.20 & 0.18 & 0.14 & 0.08 & 0.00 \\ 0.20 & 0.19 & 0.20 & 0.08 & 0.13 & 0.00 \\ 0.00 & 0.00 & 0.00 & 0.00 & 0.00 & 0.00 \\ 0.00 & 0.00 & 0.00 & 0.00 & 0.19 & 0.19 \\ 0.00 & 0.00 & 0.00 & 0.00 & 0.19 & 0.19 \end{Bmatrix} \quad (2-13)$$

则可计算各指标的熵 H_i，如表 2-6 所示。

表 2-6 M 生物质发电供应链系统协同度指标 e_{ij} 熵值

	协同度指标	熵值
农户	秸秆收集成本 e_{11}	0.86
	秸秆售卖价格 e_{12}	0.85
	秸秆政策了解程度 e_{13}	0.86
中间商	秸秆收购成本 e_{21}	0.84
	秸秆运输成本 e_{22}	0.86
	生物质合格率 e_{23}	0.87
	契约履行程度 e_{24}	0.87
	秸秆供应价格 e_{25}	0.84

续表

	协同度指标	熵值
生物质发电厂	生物质发电转化率 e_{31}	0.88
	年秸秆收购量 e_{32}	0.77
	秸秆购买成本 e_{33}	0.81
	单位发电成本 e_{34}	0.81
省级政府	电价补贴 e_{42}	0.00
	秸秆利用奖励 e_{43}	0.39
	与电厂协议秸秆使用百分比 e_{44}	0.39

根据式（2-10）计算指标权重，协同度指标赋权如表2-7所示。

表2-7 M生物质发电供应链系统协同度指标权重

	协同度指标	熵权
农户	秸秆收集成本 e_{11}	0.331624
	秸秆售卖价格 e_{12}	0.343338
	秸秆政策了解程度 e_{13}	0.325038
中间商	秸秆收购成本 e_{21}	0.225131
	秸秆运输成本 e_{22}	0.19488
	生物质合格率 e_{23}	0.174611
	契约履行程度 e_{24}	0.182332
	秸秆供应价格 e_{25}	0.223047
生物质发电厂	生物质发电转化率 e_{31}	0.314526
	年秸秆收购量 e_{32}	0.255208
	秸秆购买成本 e_{33}	0.216156
	单位发电成本 e_{34}	0.214111
省级政府	电价补贴 e_{42}	0.449177
	秸秆利用奖励 e_{43}	0.275412
	与电厂协议秸秆使用百分比 e_{44}	0.275412

确定权重以后，可根据式（2-2）计算农户、中间商、生物质发电厂和省级政府异质利益主体子系统有序度，如表2-8和图2-4所示。

表2-8 M生物质发电供应链系统异质利益主体子系统有序度

	2010年	2011年	2012年	2013年	2014年	2015年
农户	0.331624	0.484622	0.59434	0.614688	0.631722	0.668376
中间商	0.516551	0.646417	0.621402	0.493424	0.600488	0.562528
生物质发电厂	0.685474	0.585862	0.452003	0.248329	0.328364	0.314526
省级政府	0	0	0	0	0.550823	1

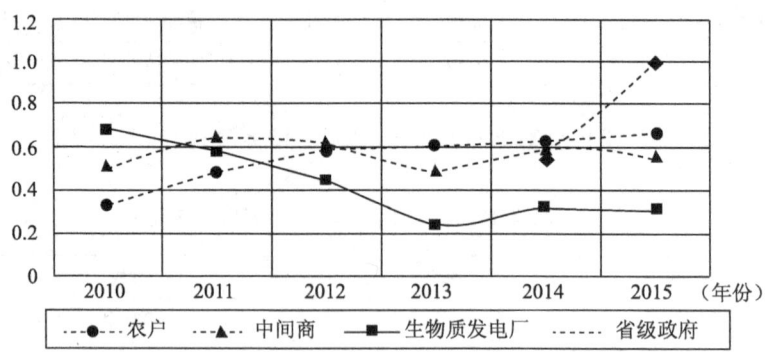

图2-4 M生物质发电供应链系统异质利益主体子系统有序度

表2-9 M生物质发电供应链系统异质利益主体协同度

年份	2010	2011	2012	2013	2014	2015
协同度	0.489685	0.56829	0.550617	0.422313	0.511799	0.586415

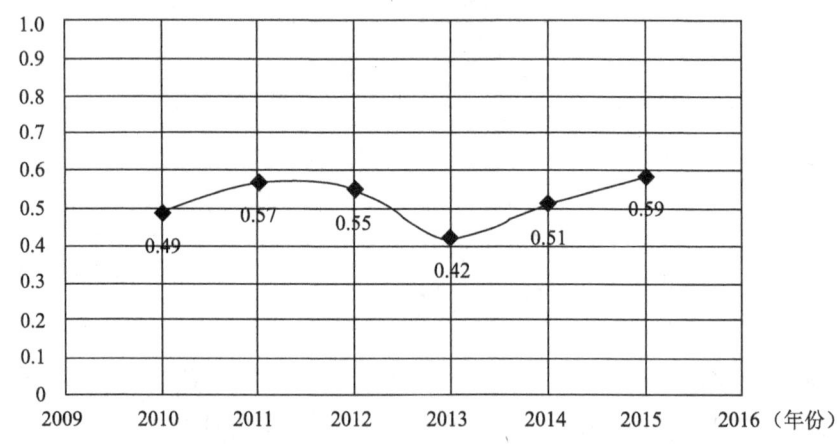

图2-5 M生物质发电供应链系统异质利益主体协同度

根据式（2-11），可计算供应链系统异质利益主体的协同度。其中，由于省级政府自 2014 年正式参与到生物质发电供应链系统中，因此在计算 2010—2013 年的协同度时，并未将省级政府纳入考虑。故 2010—2015 年生物质发电供应链系统的协同度如表 2-9 和图 2-5 所示。

2.5.2 计算结果分析

根据上述 M 生物质发电供应链系统的算例分析，可得出如下结论：

第一，由图 2-5 可知，M 生物质发电供应链系统异质利益主体协同度分布于 0.4～0.6 之间，于 2011—2013 年呈下降趋势，2013 年到达最低点，2014—2015 年呈上升趋势，并在 2015 年达到最大值。2013 年起，生物质发电厂对秸秆的收购量减少较多，转向收购燃值较高的树皮和建筑模板等，这一变化使生物质发电供应链系统的协同度有所降低。而 2014 年省级政府以政策参与到生物质发电供应链系统的协同运作中，使系统协同度上升，并达到 2010 年以来的最大值。

第二，由图 2-4 可知：

(1) 农户子系统有序度分布在 0.3～0.7 之间，并呈逐年上升趋势。虽然每年上升速度有所不同，但可窥见，农户子系统的协同度是在逐年增加的，其对生物质发电供应链系统协同运作的贡献程度也是在逐渐增加的。秸秆禁烧政策和对秸秆资源利用的宣传使农户对秸秆的处理方式逐渐转向于售卖而非废弃，使农户子系统的有序度增加。

(2) 中间商子系统有序度分布在 0.5～0.7 之间，其中，2011—2013 年呈下降趋势，而 2014—2015 年呈上升趋势。收购成本和运输成本的持续增加使中间商子系统的有序度递减，但省级政府对中间商的优惠政策，如交通优惠等，又使其有序度上升。

(3) 生物质电厂子系统有序度分布在 0.7～0.2 之间，呈下降趋势，于 2013 年达到最低，而 2014—2015 有所回升。这也表明了我国生物质发电产业的现状，即运营困难、燃料成本高等，因而生物质发电厂子系统有序度近年均处于较低的状态。

（4）省级政府子系统有序度分布在 0.5～1 之间，呈上升趋势。相较于 2014 年，2015 年省级政府给予了生物质发电电价补贴，使其有序度增加。随着省级政府关于生物质发电的政策和措施越来越具体和到位，省级政府子系统的有序度会逐渐增加，其对生物质发电供应链系统协同演化的推动作用亦逐渐增强。

第三，由图 2-4 可以看出，自 2014 年省级政府陆续出台政策和措施参与生物质发电供应链系统的运作后，无论是农户、中间商和生物质发电厂子系统的有序度，还是 M 生物质发电供应链系统的协同度，都有所上升。这表明，省级政府的参与对生物质发电供应链系统的协同演化起到了积极作用，促进了生物质发电产业的发展。

第3章 生物质发电供应链系统的协同学研究

本书所研究的生物质发电供应链系统主要包括中央政府、省级政府、农户、中间商、生物质发电厂和供电公司等异质利益主体，涉及生物质收集购买、运输存储、预处理和发电等环节，该系统具有一定的复杂性。因此，影响生物质发电供应链系统协同发展的控制参量较多。为了明晰主导生物质发电供应链系统协同演化的控制参量，本书在协同学理论的基础上，结合我国生物质发电供应链的独有特性，构建了生物质发电供应链系统协同学模型，以探索生物质发电供应链系统的序参量，明晰生物质发电供应链系统协同演化的主导因素。

3.1 生物质发电供应链系统协同学研究概述

3.1.1 协同学研究现状分析

协同学（Synergetics）是由联邦德国著名物理学家赫尔曼·哈肯于20世纪70年代创立的。哈肯在对激光的研究中发现了激光器中的自组织现象，随后他在吸收了平衡相变理论、激光理论、控制理论等的基础上，经过与耗散结构理论、超循环论、混沌理论和突变论的交流，建立了协同学，成为了自组织理论的一个分支[81]。之后哈肯将协同学推广应用于化学、计算机信息等新的领域[82][85]。协同学即"协调合作之学"[86]，是对开放复杂系统中完全不同性质的子系统如何协同合作，从无序发展到有序，自发形成控件、时间和功能结构的宏观行为的复杂性科学理论[87]。

协同学是研究不同事物共同特征及其协同机理的综合性学科，它着重于探讨各种系统从无序变为有序时的相似性，反映系统的动态发展规律[88]。国外学者常把协同学应用于复杂的自然科学系统的研究中[89][91]。但是，由于系统之间的共性，协同学逐渐从物理学、生物学、化学等自然科学领域扩展到经济学、心理学、社会学等人文科学领域。20世纪80年代，哈肯和韦德里希[92]合著了《定量社会学》一书，将协同学应用于舆论研究、人口动力学、投资决策和国家关系等经济社会学领域，对各领域系统发展建立了协同学模型，并进行了实证分析。协同学为软科学开辟了新的研究视角，我国学者也对协同学进行了深入研究。郭治安[93]在20世纪80年代，将协同学和我国国情相结合，编著了适合我国研究分析的《协同学入门》一书，阐述了协同学的基本原理、相关理论、演化模型和各领域应用情况。协同学理论是系统科学理论的重要组成部分，林超然等[94]提出了系统学是软科学的基础理论，徐浩鸣等[95]利用系统科学理论中的耗散结构理论和混沌理论定性分析了"拉郎配"式的企业兼并，乔崇扬[96]将协同学理论应用于企业提高竞争力和经济效益的研究中。

学者不再局限于将协同学用于社会、经济系统的定性研究，逐渐利用哈肯基本模型定量研究系统的演化模型。武春友等[97]基于协同学理论研究了城市再生资源系统的演化规律，并基于哈肯模型定量分析了主要城市再生资源系统演化的序参量，为我国城市再生资源利用提供了理论参考。王祥兵等[98]将哈肯模型引入货币传导系统协同演化机制研究，对货币政策传导系统的协同演化机理进行了分析,基于实证研究识别了我国货币传动系统的序参量。苏屹[99][100]深入分析了协同学理论和耗散结构理论模型,并将其应用于大中型企业技术创新的研究中,用精准的数学模型,探究了大中型企业技术创新的耗散特性和协同演化特征。王岩等[101]将协同学引入教育领域的研究中,从协同学的视角,将政府、学校和社会作为序参量,研究了教育治理体系的现代化演进。涂振洲等[102]从知识流动的视角,从知识共享、知识创造和知识优势3个阶段构建了产学研协同创新的协同理论框架。李锐等[103]分析了技术创新系统的协同演化特征,如涨落、突变和分叉等,定量研究了技术创新系统的协同演化机理。白俊红等[104]确定了企业内部创新协同的序参量为战略、文化、组织、制度和技术等。秦书生[105]探究了现代企业由混沌走向协同的自组织运行机制,研究了企业的自调控机制、动力机制、协同机制和宏观调控机制。李琳等[106]基于哈肯模型对中国区域经济协同演化的序参量进行了实证研究,发现序参量由区域比较优势转变为区域产业分工和区域比较优势,明晰了中国区域经济协同演化阶段和演化机制。王继红等[107]研究了企业系统协同演化中的突变,探析了危机间隙性规律。邹辉霞[108]将协同学应用于供应链系统管理,建立了供应链系统协同学演化模型,拓宽了协同学的研究领域。郑东等[109]将协同学应用于汽车制造商和供应商供需系统的研究中,识别了该供需系统中的序参量,并建立了协同度模型,对该供需系统的协同度进行了实证分析。

国内外学者将协同学应用于供应链协同研究的尝试都为本文所做的研究奠定了良好的基础;协同学在其他经济、社会系统的协同演化研究和序参量探索为生物质发电供应链系统协同的定量研究提供了良好的借鉴。但是,目前国内外研究尚存在一些研究涉及较少或欠缺的地方,主要体现为:①供应链系统协同演化的研究以定性研究居多,定量研究较少。大多供应链系统协同研究都停留在从供应链协同内容、策略和方式等方面来定性研究和分析供应链的协同机制,个别学者已经将协同学应用于供应链系统的定量研究中,但更多地停留在探讨建模思路,而将定量模型应用于实际数据和案例研究的较为缺乏。②将协同学应用于社会、经济系统的定量研究尚待深入。协同学常被用于自然科学的研究中,因此,将协同学应用于社会、经济系统的定量研究时,需探索的空间还有很多。目前,学者对于社会、经济系统的协同学定量研究大多使用哈肯基本模型,而社会、经济系统大多复杂且具有自己的特性,应根据系统独有的特性改进协同学模型,这样才能更准确地研究系统的协同演化路径。

3.1.2 生物质发电供应链系统的协同学特性

协同学理论描述了一个非线性、非平衡的复杂、开源系统,从混沌走向有序,再达到更高阶协同的非平衡相变过程,其思想处处体现于生物质发电供应链系统的协同发展演化过程中。

本书所界定的生物质发电供应链系统由农户、中间商、生物质发电厂和省级政府组成,是一个动态的、不断发展的系统。自2006年我国第一批生物质发电厂投产以来,生物质发电产业虽然已经发展了近10年,但尚未成熟,还未达到平衡发展的状态。同时,生物质发电供应链的运作尚存在较多问题,如我国农业秸秆丰富,但实际应用于生物质发电的秸秆却不到秸秆产量的1/10;中间商对秸秆的收集和供应缺乏系统性和专业性,供应效率不高;生物质发电厂运营困难,营利性差等。2014年,省级政府对生物质发电供应链系统协同运作的参与,也给生物质发电供应链系统的协同演化带来了新的序参量。综上所述,生物质发电供应链系统是一个不稳定的非平衡系统,具有混沌性。

本书所研究的生物质发电燃料供应模式为"农户—中间商—生物质发电厂",因此,在秸秆的收购过程中,将涉及与农户的买卖与合作。我国农业经济主要以家庭为种植单位,故有大量的农户参与秸秆的供应过程,个体行为无序而复杂,故而使生物质发电供应链系统具有复杂性。目前,我国生物质发电厂厂址的选择尚不科学合理,有的生物质发电厂分布较为密集，从而影响了燃料的收购，出现了"抢料"现象，增加了生物质发电供应链系统的复杂性。生物质发电供应链系统的开放性源于生物质能由农户子系统不断输入，电能由生物质发电厂子系统不断输出，促使了其与外界物质流、信息流和能流的交换。

综上所述，生物质发电供应链系统是集混沌性、复杂性、开放性和不稳定性于一体的非平衡系统，其与协同学的内涵一致，均属于协同学的系统研究范畴。

3.2 理论基础

3.2.1 协同学概论

20世纪70年代德国学者赫尔曼·哈肯（Hermann Haken）在研究激光现象时，观察到电子的协同行为形成了激光。同时，他通过对各学科的非平衡相变的类比发现，尽管不同系统中的系统结构、性质等有很大的差异，但是，它们在非平衡相变的演化过程中却遵循着类似的微分方程。由此，他得出了相变过程是由子系统间的协同合作行为所决定的，而与系统的性质无关的重要结论。在汲取耗散结构理论、超循环论、混沌理论和突变论等复杂性科学理论精华的基础上，哈肯提出了描述自无序状态走向有序状态演化规律的协同学理论，其与普里戈金的"耗散结构理论"、托姆的"突变论"被称为系统科学的"新三论"，极大地推动了系统科学的发展。

协同学理论描述了不同类别的非线性、非平衡的复杂、开放系统，在一定的外部环境条件下，由于子系统的独立运动及子系统间的耦合运动，系统自发地从混沌走向有序，从低阶有序走向高阶有序，从而出现不同的结构和功能的相变过程所遵循的共同规律。协同学采用统计学和系统动力学相结合的方法建立了系统从无序走向有序，再走向更高阶有序的数学定量研究模型和处理方法。

哈肯于1969年首次提出"协同学"这一名称，并于1971年与格雷厄姆合作撰文介绍了协同学。1972年召开第1届国际协同学会议，1973年这次国际会议论文集《协同学》出版，协同学随之诞生。赫尔曼·哈肯关于协同学的主要著作有《协同学导论》（1976）、《协同学——大自然构成的奥秘》（1981）、《高等协同学》（1983）、《信息与自组织》（1987）、《协同学讲座》（1987）、《协同学：理论与应用》（1990）、《协同计算机和认知——神经网络的自上而下方法》（1991）、《大脑工作原理——脑活动、行为和认知的协同学方法》（1995）。此外，其他学者关于协同学的研究成果还有韦德里希（W. Weidlich）和哈格（G. Hagg）的《定量社会学》，迈因策尔（K. Marinzer）的《复杂性中的思维》等。

3.2.2 协同学主要概念和原理

（1）非平衡相变：相变源于物理学领域，非平衡相变是相对于非平衡态来说的，表示在远离平衡的系统中发生相变的现象。相变后的非平衡态相对于平衡态来说是一种更有序的状态。理论证明，在近平衡态，系统不能出现新的稳定结构，因此也就不会出现相变现象。而协同学研究系统是从无序走向有序的动态演化过程，因此其所研究系统是处于非平衡态的，会出现非平衡相变现象。

（2）序参量：系统的协同状态可由一组控制参量来描述，控制参量的变化反映了系统的动态发展规律，然而在系统逐渐接近临界点时，这些参量并非位置等同的。在临界点,这些控制参量会出现不同程度的衰减,阻尼大衰减快的快弛豫参量将伺服于无阻尼的慢弛豫参量,为数极少的慢弛豫变量支配着系统的演化进程,在系统从无序走向有序的相变过程中起主导和支配作用,主宰系统的宏观格局并反映系统的有序度,称之为序参量。

(3) 绝热消去原理:为了突出临界点对系统协同演化起支配作用的慢弛豫参量,哈肯使用"绝热消去"原理,忽略快弛豫参量变化对系统演化的影响,即令快弛豫参量的时间微商在系统临界状态等于0。系统的协同演化一般由很多控制参量的演化方程来描述,绝热消去原理可以把难以胜数的偏微分方程组化为一个或几个序参量演化方程,使难以求解的问题变得简单明了。

(4) 役使原理:役使原理也称为支配原理。在系统受到涨落干扰而偏离平衡态时,快弛豫参量的阻尼大,衰减快,总倾向于将系统拉回原来的平衡态,但是序参量是促进系统向高阶协同演化的主导变革性力量,它主导和支配着系统的非平衡相变过程,而最终决定这系统的宏观结构和功能。序参量对快弛豫参量和系统协同演化的支配作用成为役使原理。

(5) 自组织理论:自组织理论描述了系统在获得空间的、时间的或功能的结构过程中,没有外部特定指令或干涉,其内部子系统能够按照某种规则,通过子系统内部和子系统之间的协同作用,在自身涨落力的推动作用下,形成新的结构和新的功能。

(6) 涨落:涨落描述了由于子系统的独立运动以及可能存在于子系统间的局部耦合,加上外部环境的随机波动,系统宏观量的瞬时值偏离平均值的现象。在临界状态,某个子系统的涨落可能会得到其他子系统的积极响应,从而由局部波及系统,成为推动系统达到有序的动力。而这种涨落的内容就形成了新的序参量。

3.2.3　哈肯基本模型

假设系统 S 中仅有 2 个控制参量，分别为 q_1 和 q_2。其中，假设 q_1 为序参量，而 q_2 为快弛豫参量，则可以得到如式（3-1）所示的控制参量演化方程。

$$\begin{cases} \dfrac{dq_1}{dt} = -\gamma_1 q_1 - a q_1 q_2 \\ \dfrac{dq_2}{dt} = -\gamma_2 q_2 + b q_1^2 \end{cases} \quad (3-1)$$

其中，γ_1 和 γ_2 分别表示控制参量 q_1 和 q_2 的阻尼系数，$q_1 q_2$ 表示 q_2 对 q_1 演化的影响，q_1^2 表示 q_1 对 q_2 演化的作用。当系统演化满足协同学特性时，则：

$$\gamma_2 \gg \gamma_1 \quad (3-2)$$

此时使用 3.2.2 所述的绝热消去原理，令 $\dfrac{dq_2}{dt} = 0$，则化解可得式（3-3）。

$$q_2 = -\gamma_2^{-1} \cdot b q_1^2 \quad (3-3)$$

上式表示的意义在于，在考虑时间的情况下，q_2 是由 q_1 即时决定的，体现了 q_1 对系统协同演化的主导支配作用，也体现了序参量对快弛豫参量的役使作用。同时，q_2 也反作用于 q_1，将式（3-3）代入式（3-1）可得序参量 q_1 的演化方程：

$$\dfrac{dq_1}{dt} = -\gamma_1 q_1 - \dfrac{ab}{\gamma_2} q_1^3 \quad (3-4)$$

3.3 生物质发电供应链系统的协同控制参量探索

3.3.1 协同参量探索分析

在系统协同演化分析中,初始协同控制参量的确定是极其关键的。探索图是求解复杂系统初始协同控制参量的定性方法[110],本文借助于探索图的思维方式,定性分析了生物质发电供应链系统的控制参量,从而对生物质发电供应链系统的初始协同控制参量进行求解,如图3-1所示。

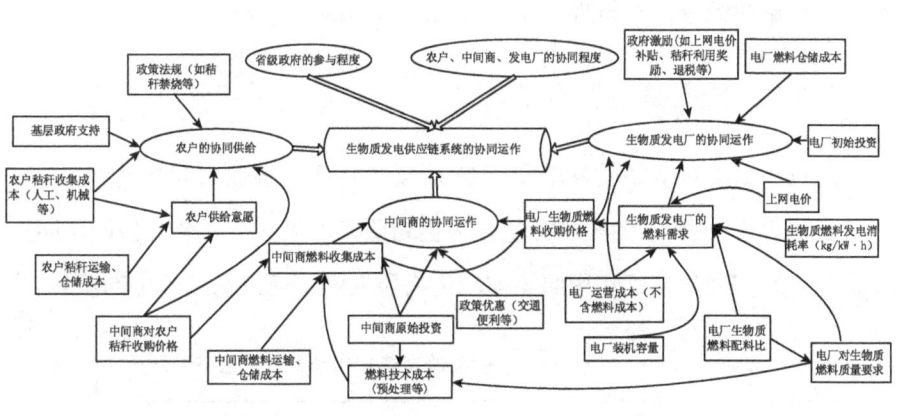

图3-1 生物质发电供应链系统序参量探索图

由图3-1可知,生物质发电供应链系统的协同运作主要由农户、中间商、生物质发电厂和省级政府子系统的内部协同和子系统间的耦合协同作用共同决定。

在农户、中间商和生物质发电厂3个子系统内部，各控制参量有着复杂的关系，某个控制参量可通过多种途径作用于另一个控制参量。例如，生物质电厂的燃料需求既直接作用于生物质发电厂的协同运作，也通过作用于电厂生物质燃料收购价格而作用于生物质发电厂的协同运作。中间商原始投资既直接作用于中间商的协同运作，也通过作用于燃料技术成本（预处理等），继而作用于中间商燃料收集成本，从而作用于中间商的协同运作。中间商对农户秸秆的收购价格既直接作用于农户的供给协同，也通过作用于农户的供给意愿而作用于农户的供给协同。

农户、中间商和生物质电厂3个子系统的控制参量也相互作用着。例如，电厂对生物质燃料质量要求既作用于生物质发电厂的协同运作，也通过作用于中间商的燃料技术成本（预处理等）而作用于中间商的协同运作。而省级政府子系统的控制参量主要作用于农户、中间商和生物质发电厂子系统，如对农户的秸秆禁烧政策、对中间商的交通便利政策和对电厂的电价补贴政策等，这体现了4个子系统间的耦合协同作用。

3.3.2 协同参量探索结果

通过3.2.1对生物质发电供应链系统初始协同控制参量的定性求解，确定了如表3-1所示的控制参量作为生物质发电供应链系统的初始协同控制参量，它们通过交互作用而支配着生物质发电供应链系统的协同演化。

表3-1 生物质发电供应链系统初始协同控制参量

子系统	控制参量	参量解释
农户	秸秆售卖价格（元/吨）	农户向中间商售卖秸秆的平均价格
中间商	秸秆收购成本（元/吨）	中间商收购秸秆的平均成本
	秸秆运输成本（元/吨）	中间商运输秸秆的平均成本（包括收购运输和供应运输，考虑省级政府的交通优惠政策）

续表

子系统	控制参量	参量解释
生物质发电厂	秸秆购买价格（元/吨）	生物质发电厂向中间商购买秸秆的平均价格
	秸秆年收购量（吨/年）	生物质发电厂每年的秸秆收购量
	燃料发电转化率	每发一度电所需的生物质
省级政府	秸秆利用奖励（元/吨）	省级政府给予生物质电厂秸秆利用奖励平均值
	电价补贴（元/kW·h）	省级政府给予生物质电厂额外的电价补贴（中央政府规定的除外）

3.4 生物质发电供应链系统的协同学模型构建

协同学模型是协同学理论研究系统协同演化的数学表述方式，序参量演化方程是其主要内容。序参量演化方程是协同学研究系统协同演化的基本方程，其建立和求解定量研究分析系统协同演化规律、揭示系统协同演化程度的重要途径。哈肯借鉴了郎之万方程、主方程和福克—普朗克方程来描述系统的演化。其中，根据生物质发电供应链系统的特性，选择郎之万方程作为系统协同演化模型的基础方程。

3.4.1 郎之万方程

1908 年，郎之万（Paul Langevin）发表了布朗颗粒自由运动的方程，即经典郎之万方程（Classical Langevin Equation，CLE）[111]：

$$M\frac{dU(t)}{dt} = -\zeta U(t) + F_R(t) \quad (3-5)$$

其中，M 为做布朗运动颗粒的质量；$-\zeta U(t)$ 为黏性阻力，表示粒子所受的平均作用力；$F_R(t)$ 为随机力，在 CLE 中假定为高斯白噪声力，表明流体分子对颗粒的碰撞不相关，$F_R(t)$ 应当满足均值为零。

3.4.2 生物质发电供应链系统的协同学模型

如 3.4.1 所述，哈肯借鉴郎之万方程原理，将系统的协同演化分为子系统的独立协同作用和子系统间耦合协同作用，而一个控制参量可以视为一个子系统。设生物质发电供应链系统有 m 个初始协同控制参量，其中 q_i 表示第 i 个初始协同控制参量，则生物质发电供应链系统的协同演化模型如下：

$$\frac{dq_i}{dt} = -\gamma_i q_i + g_i(q_1, q_2, \cdots, q_m), i = 1, 2, 3, \cdots, m \quad (3-6)$$

其中，$-\gamma_i q_i$ 表示子系统的独立运动，γ_i 表示控制参量 q_i 的阻尼系数；$g_i(q_1, q_2, \cdots, q_m)$ 表示子系统间耦合作用，是控制参量 $q_1, q_2, \cdots, q_m$ 的非线性函数，当子系统间无耦合作用时，即 $g_i = 0$，控制参量 q_i 会逐渐衰减至0。

将式（3-6）中的非线性作用 $g_i(q_1, q_2, \cdots, q_m)$ 细化为促进、阻碍和随机作用，可得式（3-7）。

$$\frac{dq_i}{dt} = -\gamma_i q_i + \lambda_i + \mu_i + f_i(t), i = 1, 2, 3, \cdots, m \quad (3-7)$$

其中，λ_i 表示协同参量间的促进作用；μ_i 表示协同参量间的阻碍作用；$f_i(t)$ 表示随机涨落作用，在系统临界点，随机涨落作用可能会得到各协同参量的积极响应，成为巨涨落，从而推动系统的协同演化。

为了能够更好地量化分析生物质供应链系统的协同演化过程，借鉴于文献[112]和文献[113]的思想，将非线性作用 $g_i(q_1, q_2, \cdots, q_m)$ 刻画为整数指数项和二次项，同时为了便于分析，用 x_i 替代 q_i，可得式（3-8），其中 n 为整数。

$$\frac{dx_i}{dt} = -\gamma_i x_i + \sum_{j=1}^{m}(\alpha_j \cdot x_j + \beta_{jn} \cdot x_j^{\ n} + \lambda_i \cdot x_i x_j) + f_i(t),$$
$$i = 1,2,3,\cdots,m; n \geq 2 \tag{3-8}$$

由于生物质发电系统的数据是离散化的,一般为非连续的年度数据,因此,将公式离散化,如式(3-9)和式(3-10)所示,其中 h 为整数。

$$x_i^{(h+1)} - x_i^{(h)} = \gamma_i x_i^{(h)} + \sum_{j=1}^{m}\left[\alpha_j \cdot x_j^{(h)} + \beta_{jn} \cdot (x_j^{(h)})^n + \lambda_i \cdot x_i^h x_j^h\right] + f_i(t),$$
$$h \geq 1 \tag{3-9}$$

$$x_i^{(h+1)} = (1-\gamma_i)x_i^{(h)} + \sum_{j=1}^{m}\left[\alpha_j \cdot x_j^{(h)} + \beta_{jn} \cdot (x_j^{(h)})^n + \lambda_i \cdot x_i^h x_j^h\right] + f_i(t),$$
$$h \geq 1 \tag{3-10}$$

生物质发电供应链系统的协同状态由上述 m 个初始协同控制参量来描述。然而,在系统的相变临界点,这些控制参量的变化快慢是不同的。其中,在系统临界点,变化快的称之为快弛豫参量,变化慢的称之为慢弛豫参量。慢弛豫参量确定了系统的宏观行为和有序程度,称之为序参量,而快弛豫参量由序参量支配。为了更好地分析系统的演化,突出序参量的主导作用,哈肯提出了绝热消去的概念:即在系统临界点忽略快弛豫参量变化对系统的影响,令快弛豫参量的时间微商等于0。根据实际数据,计算分析出式(3-10)中 γ_i、b_j 和 c_{jn},将它们代入式(3-8)中,识别序参量和快弛豫参量。

为了便于分析,将生物质发电供应链系统初始协同控制参量分为序参量组和快弛豫参量组,其中,$i = 1,2,\cdots,l$ 为序参量组,$i = l+1, l+2, \cdots, m$ 为快弛豫参量组。将快弛豫参量绝热消去,即令:

$$\frac{dx_i}{dt} = -\gamma_i x_i + \sum_{j=1}^{m}(\alpha_j \cdot x_j + \beta_{jn} \cdot x_j^{\ n} + \lambda_i \cdot x_i x_j) + f_i(t) = 0,$$
$$i = l+1, l+2, \cdots, m \tag{3-11}$$

$$\frac{dx_i}{dt} = -\gamma_i x_i + \sum_{j=1}^{m}(\alpha_j \cdot x_j + \beta_{jn} \cdot x_j^{\ n} + \lambda_i \cdot x_i x_j) + f_i(t), i = 1,2,\cdots,l$$
$$\tag{3-12}$$

同时，令式（3-11）中 $\sum_{j=1}^{m}(\alpha_j \cdot x_j + \beta_{jn} \cdot x_j{}^n + \lambda_i \cdot x_i x_j)$ 的 x_j（$j = l+1, l+2, \cdots, m$）等于 0，则：

$$\gamma_i x_i = \sum_{j=1}^{m}(\alpha_j \cdot x_j + \beta_{jn} \cdot x_j{}^n + \lambda_i \cdot x_i x_j) + f_i(t), i = l+1, l+2, \cdots, m \tag{3-13}$$

将式（3-13）代入式（3-12）则可获得生物质发电供应链系统的序参量的演化方程，如式（3-14）所示。

$$\frac{dx_i}{dt} = -\gamma_i x_i + \sum_{j=1}^{l}(\alpha_j \cdot x_j + \beta_{jn} \cdot x_j{}^n + \lambda_i \cdot x_i x_j) +$$

$$\sum_{j=l+1}^{6}[\alpha_j \cdot x_j(x_i) + \beta_j \cdot x_j(x_i)^n + \lambda_j \cdot x_i x_j(x_i)] + f_i(t) x_j(x_i) = \frac{1}{\gamma_j} \cdot$$

$$\sum_{i=1}^{l}(\alpha_i \cdot x_i + \beta_{in} \cdot x_i{}^n + \lambda_i \cdot x_i x_j) \tag{3-14}$$

根据序参量的演化方程两边可同时积分而得到生物质发电供应链系统序参量的协同演化势函数，从而分析生物质发电供应链系统的协同演化规律。当所得的序参量多于1个时，可以将其按权重综合成1个序参量，如式（3-15）所示。

$$\eta = \sum_{i=1}^{l} w_i \cdot x_i \tag{3-15}$$

计算模拟综合序参量的演化方程，从而得到综合序参量的势函数，以综合分析生物质发电供应链系统的协同演化规律。

3.5 算例分析

选择一个生物质发电供应链系统对上文建立的生物质发电供应链系统模型进行算例分析,以示对理论和方法的运用。

3.5.1 模型计算

为全面地分析生物质发电供应链系统的协同演化规律,案例选择我国最早一批建成投产的生物质发电厂 S 作为算例研究对象。S 生物质发电厂位于华北,装机容量为 30MW,锅炉为 130t/h 生物质专用振动炉排高温高压锅炉,发电设备采用我国较为普遍的秸秆直燃技术,S 生物质发电厂采用厂区收储和收购点收储两种燃料收购方式,是"农户—中间商—电厂"收购模式的代表电厂。电厂自 2006 年 12 月成立以来,经过近 10 年的发展,逐渐形成了以其为核心的供应链系统。经过对 S 电厂及其合作的中间商和农户实地调研,取得了实际数据如表 3-2 所示。

表 3-2　S 生物质发电供应链系统实际数据

年份(单位:年)	2007	2008	2009	2010	2011	2012	2013	2014	2015
秸秆售卖价格(元/吨)	105	109	108	115	124	135	136	142	150
秸秆收购成本(元/吨)	162	168	176	174	172	178	182	186	190
秸秆运输成本(元/吨)	30	28	32	35	37	39	42	47	52
电厂秸秆购买价格(元/吨)	187	180	195	208	228	238	256	276	285

续表

年份（单位：年）	2007	2008	2009	2010	2011	2012	2013	2014	2015
秸秆年收购量（万吨/年）	19	18	20	17	15	12	9	10	8
秸秆发电转化率（kg/kW·h）	1.75	1.82	1.78	1.73	1.69	1.72	1.65	1.60	1.50
秸秆利用奖励（元/吨）	—	—	—	—	—	—	—	40	40
电价补贴（元/kW·h）	—	—	—	—	—	—	—	—	0.081

由于省级政府子系统 2014 年才参与到生物质发电供应链系统的运作中，数据较少，难以用于计算模型，因此在 S 生物质发电供应链系统的协同学模型计算中，将去掉省级政府的数据，以便更好地分析 S 生物质发电供应链系统的协同演化规律。因此，S 生物质发电供应链系统初始数据如表 3-3 所示。

表 3-3 S 生物质发电供应链系统初始数据

年份（单位：年）	2007	2008	2009	2010	2011	2012	2013	2014	2015
秸秆售卖价格（元/吨）	105	109	108	115	124	135	136	142	150
秸秆收购成本（元/吨）	162	168	176	174	172	178	182	186	190
秸秆运输成本（元/吨）	30	28	32	35	37	39	42	47	52
电厂秸秆购买价格（元/吨）	187	180	195	208	228	238	256	276	285
秸秆年收购量（万吨/年）	19	18	20	17	15	12	9	10	8
秸秆发电转化率（kg/kW·h）	1.75	1.82	1.78	1.73	1.69	1.72	1.65	1.60	1.50

选择标准化法对 S 生物质发电供应链系统初始数据进行处理，如 (3-16) 所示：

$$x = \frac{(x - \bar{x})}{s} \qquad (3-16)$$

其中，$\bar{x}$ 和 s 分别为某控制参量数据的平均值和标准差。无量纲化后的指标数据如表 3-4 所示。

表3-4　S生物质发电供应链系统标准化数据

年份（单位：年）	2007	2008	2009	2010	2011	2012	2013	2014	2015
秸秆售卖价格（元/吨）	-1.20	-0.96	-1.02	-0.60	-0.05	0.61	0.67	1.04	1.52
秸秆收购成本（元/吨）	-1.65	-0.96	-0.05	-0.28	-0.51	0.18	0.63	1.09	1.55
秸秆运输成本（元/吨）	-1.01	-1.26	-0.76	-0.38	-0.13	0.13	0.50	1.13	1.76
电厂秸秆购买价格（元/吨）	-1.07	-1.25	-0.86	-0.52	0.00	0.26	0.72	1.24	1.47
秸秆年收购量（万吨/年）	1.04	0.83	1.26	0.61	0.17	-0.49	-1.14	-0.92	-1.36
秸秆发电转化率（kg/kW·h）	0.58	1.29	0.88	0.37	-0.03	0.27	-0.44	-0.95	-1.97

将表3-4中的数据代入生物质发电供应链系统协同学模型（3-10）进行多元非线性回归模拟。当非线性项中的指数项指数 $n = 2$ 时，回归方程拟合度已经达到 $R^2 \geq 98\%$，因此，得到生物质供应链系统的协同参量协同演化模型。如模型（3-17）所示，其中 $f_i(t)$ 为随机落差项。

$$\begin{cases} \dfrac{dx_1}{dt} = -0.152x_1 - 0.243x_2 + 0.222x_5 - 0.813x_6 - 0.279x_2^{\,2} + 0.045x_5^{\,2} - 0.092x_1x_6 + 0.54 + f_1(t) \\ \dfrac{dx_2}{dt} = -x_2 - 0.845x_5 - 0.461x_6 + 0.030x_1^{\,2} + 0.518x_2^{\,2} - 0.212x_5^{\,2} + 1.843x_6^{\,2} + 1.882x_2x_6 + 0.144 + f_2(t) \\ \dfrac{dx_3}{dt} = -x_3 + 0.238x_1 + 0.411x_2 - 0.122x_5 - 0.517x_6 - 0.134x_2^{\,2} - 0.032x_5^{\,2} - 0.244x_3x_6 + 0.387 + f_3(t) \\ \dfrac{dx_4}{dt} = -x_4 + 0.013x_1 + 0.42x_2 - 0.418x_5 - 0.338x_6 - 0.117x_2^{\,2} - 0.133x_5^{\,2} + 0.014x_4x_6 + 0.563 + f_4(t) \\ \dfrac{dx_5}{dt} = -x_5 - 0.93x_1 + 0.266x_2 + 0.536x_6 - 0.718x_1^{\,2} - 0.198x_5^{\,2} - 0.68x_2x_5 + 0.581x_5x_6 - 0.43 + f_5(t) \\ \dfrac{dx_6}{dt} = -0.576x_6 - 1.282x_2 - 0.421x_5 + 0.180x_2^{\,2} - 0.367x_5^{\,2} + 1.211x_2x_6 + 1.295x_5x_6 - 0.341 + f_6(t) \end{cases}$$

（3-17）

如模型（3-17）所示，描述S生物质发电供应链系统协同状态的6个协同控制参量的阻尼参数分别为 $\gamma_1 = 0.152$，$\gamma_2 = 1$，$\gamma_3 = 1$，$\gamma_4 = 1$，$\gamma_5 = 1$ 和 $\gamma_6 = 0.576$。根据3.3.2构建的生物质发电供应链系统协同演化模型可知，变量的阻尼系数越大，该变量变化越快，是系统演化中的快弛豫参量，反之，为系统演化中的慢弛豫参量，即为序参量。在模型（3-

17）中，农户的秸秆售卖价格 x_1 的阻尼系数最小，且明显小于其他 5 个协同参量阻尼系数，故秸秆售卖价格 x_1 为生物质发电供应链系统的序参量。由于在模型（3-17）中，方程拟合优度很高，所以随机落差项 $f_i(t)$ 较小，同时为了计算可达性，使生物质发电供应链系统的量化分析更加明确，在以下计算中将忽略随机落差项 $f_i(t)$。因此，将 x_1 作为序参量代入式（3-11）和式（3-12）可得

$$\begin{cases} \dfrac{dx_1}{dt} = -0.152x_1 - 0.243x_2 + 0.222x_5 - 0.813x_6 - 0.279x_2^2 + 0.045x_5^2 \\ \qquad\quad - 0.092x_1x_6 + 0.54 \\ 0 = -x_2 + 0.030x_1^2 + 0.144 \\ 0 = -x_3 + 0.238x_1 + 0.387 \\ 0 = -x_4 + 0.013x_1 + 0.563 \\ 0 = -x_5 - 0.93x_1 - 0.718x_1^2 - 0.43 \\ 0 = -0.576x_6 - 0.341 \end{cases}$$

(3-18)

由此可得农户的秸秆售卖价格 x_1 的序参量演化方程，如式（3-19）所示。

$$\frac{dx_1}{dt} = -0.023450x_1^4 - 0.060097x_1^3 - 0.233865x_1^2 - 0.337475x_1 + 0.884530$$

(3-19)

则生物质电厂 S 所在的生物质发电供应链系统以农户的秸秆售卖价格 x_1 为序参量时的势函数 V 为

$$V = -0.004690x_1^5 - 0.015024x_1^4 - 0.077955x_1^3 - 0.168737x_1^2 + 0.884530x_1$$

(3-20)

S 生物质发电供应链系统协同演化势函数图如图 3-2 所示。

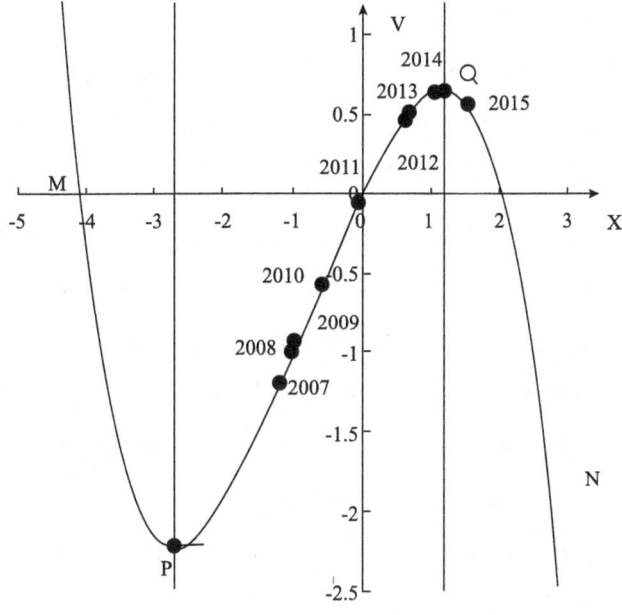

图 3-2　S 生物质发电供应链系统势函数演化

3.5.2　计算结果分析

（1）从模型（3-17）可以看出，农户秸秆售卖价格的阻尼参数 $\gamma_1 = 0.152$，明显小于其余 5 个协同控制参量的阻尼系数，这表明，农户秸秆售卖价格是 2007—2015 年主导 S 生物质发电供应链系统协同演化的序参量，表征 S 生物质发电供应链系统协同程度。农户秸秆售卖价格的演化函数中，表征电厂对农户作用的是 $0.222x_5$、$0.045x_5^2$ 和 $-0.092x_1x_6$，反映了电厂秸秆收购量与农户秸秆售卖价格有协同效益，同时电厂燃料发电转化率对农户售卖价格有抑制作用，这表明电厂的秸秆需求与农户售卖价格形成了较好的正负反馈机制。表征中间商对农户作用的是 $-0.243x_2$ 和 $-0.279x_2^2$，其系数均小于 0，反映了中间商收购成本对农户秸秆售卖价格的抑制作用，两者并未形成良好的正反馈机制。农户秸秆售卖价格既未对农户售卖行为形成有效激励，又增加了中间商和电厂的秸秆收购成本。

因此，农户、中间商和电厂3个子系统还未形成有效的协同机制。

（2）从模型（3-17）中6个协同控制参量的演化函数中分别包含 x_1x_6、x_2x_6、x_3x_6、x_4x_6 和 x_5x_6 项，反映了燃料发电转化率与其他协同控制参量均有交互作用，这表明生物质发电技术对生物质发电供应链系统协同演化有重要的推动作用。但是，生物质燃料发电转化率并未成为主导生物质发电供应链系统协同演化的序参量。由表3.3的数据可看出，2007—2014年，秸秆发电转化率虽有所改善，但改善速率缓慢，这表明S生物质发电厂的发电技术未取得显著突破。S生物质发电厂在其多年运营中，不断改进生物质燃料的预处理方式、处理技术以及生物质燃料掺配比以提高生物质燃料发电转化率，但仍未突破临界点，成为序参量。主要存在2方面的原因：一是生物质燃料燃值相对较低的原料限制；二是S生物质电厂长期处于微盈利状态，没有盈余资金投入技术研究与改进。

（3）由图3-2可知，生物质发电供应链系统有3个不同的状态，其中曲线MP和曲线QN是稳定状态，而曲线PQ则是非稳定状态。势函数的状态取决于协同控制参量的行为，当控制参量发生变化时，系统的势函数也会随之改变。生物质发电供应链系统的势函数结构决定了它的发展极限，当系统发展趋近极限时，就难以适应原有的结构。2014—2015年生物质发电供应链系统越过了系统内能最大的Q点，S生物质发电供应链系统的发展已经趋近目前势函数的极限。而新的政策、技术进步和燃料收购模式创新等都可以促进生物质发电供应链系统的势函数改变，进入更高阶的协同状态。

第4章
生物质发电燃料供应的系统动力学模型

4.1 理论基础

4.1.1 系统动力学理论

4.1.1.1 系统动力学理论及其特点

1. 系统动力学简介

系统动力学（System Dynamics，SD）是在20世纪50年代末由美国麻省理工学院史隆管理学院教授弗瑞斯特（Jay. W. Forrester）提出的。系统动力学是紧密结合系统科学理论与计算机仿真实验，有效研究系统反馈结构与行为的一门科学，是系统科学与管理科学的一个重要分支，以系统论、信息论、控制论和计算机科学技术为基础，参照系统的状态、逻辑控制和信息反馈等关键环节来映射现实系统的动态机制。根据系统动力学理论与方法构建的模型，通过计算机模拟的方式，可以定性和定量地研究各种系统问题，并对系统的整体性能进行改善。该方法已被广泛应用于宏观政策制定、项目管理、物流与供应链管理以及公司战略调整等各个领域。目前，其应用范围非常广泛，且在各个领域的应用都取得了显著的成果，成为社会科学研究的重要辅助手段。我国的专家学者也组建了许多相关的系统动力学研究机构和组织,他们开展了大量的专项研究工作,并在多个研究领域取得了一系列研究成果。

2. 系统动力学模型的特点

系统动力学以计算机仿真技术为工具,系统内部结构为出发点,分析其系统结构与动态行为的内在关系,继而找到解决问题的办法,其主要特点如下:

(1) 系统动力学可用于研究非线性、高阶次、多反馈的大系统问题,采用定性与定量、系统与反馈、分析与计算机决策相结合的方法,注重遵循系统内部的因果关系机制,并充分考虑子系统内部之间,系统结构之间以及系统与外部环境之间的多层次反馈关系,从整体的角度对系统由总而分、由表及里的分解进而建立模型。

(2) 通过对系统的动态综合模拟,可以观察不同结构参数与政策因素以及外部条件变化对系统行为特性的影响,用于调整系统结构、优化政策。

(3) 系统动力学模型适用于长期性和周期性的问题研究,能够有效模拟系统中存在的反馈环节复杂和非均衡的特性,做出动态的、简明的、战略性的定量仿真分析。

4.1.1.2 系统动力学解决问题的方法与主要步骤

1. 系统动力学解决问题的方法

系统动力学研究解决问题的途径是运用定性与定量相结合的方法,进行层层深入、反复优化并最终得到可行性结果。它以定性分析为起点,进行分析、综合与归纳,以定量分析为支持,实现深化、改进与决策。按照系统动力学理论与方法分析现实系统,应用计算机技术建立系统动力学模型,通过量化管理者的思维,为管理者提供决策依据。

2. 系统动力学解决问题的主要步骤

系统动力学解决问题的主要步骤和内容主要如下：

（1）确定研究对象并明确研究目标，划定系统的界限，再对研究对象进行有针对性的全面调查分析；

（2）系统层次分析。其主要任务是分析系统结构，划分系统层次，根据系统内部的反馈关系建立因果关系回路图；

（3）建立规范的数学模型。创建模型的相关关系方程，并运用系统动力学软件建立模型；

（4）模型仿真模拟与分析。通过对模型的赋予初始值进行仿真模拟，对运行结果进行深入剖析以分析获取解决优化问题的决策；

（5）改善模型。在分析结果的基础上，通过改变模型结构或参数的方式对模型实现进一步完善。

4.1.1.3 系统动力学模型的构建

1. 建模基本原理

系统动力学应当遵循其基本原理进行建模[114]：第一，依据系统及系统特性的系列观点，通过系统、整体的角度研究系统，把握住系统结构及其内部反馈关系是决定系统行为模式的关键；第二，建模之前首先要明确建模目的，建模过程应当始终围绕面向系统问题进行，以模型的应用为落脚点，即所谓"一个明确""三个面向"；第三，分析系统特性，明确系统的整体性和层次性，将分解与综合的原理应用于建模的构思、模拟与测试过程中；第四，模型一致性、有效性检验的最终标准是客观实践，只有通过不断加深对于系统的理解，修改完善模型才能建立简化实际系统的有效模型。

2. 系统动力学建模目的与系统界限的确定

系统动力学建模以研究与解决系统的问题为目的，通过分解系统内部反馈结构及认识其动态行为关系，从而得出能够解决问题的模型成果[115]。

系统界限虽然只是一个主观想象的模糊轮廓，但是在模型中又表现出对其准确性的要求,哪些主体在模型内应该考虑,与外部环境隔开,哪些系统变量和参数应该不予以考虑。确定系统界限的基本原则是:系统的反馈回路应为闭合回路,结合实际的研究对象,把所有与系统关系密切的变量都纳入系统之内[116]。

3. 因果回路图和流图

因果与相互关系回路图是模型构思的初始阶段,能够非技术性地、直观地展现模型结构,由因果链和反馈回路组成。以自然资源使用情况为例,如图4-1所示。

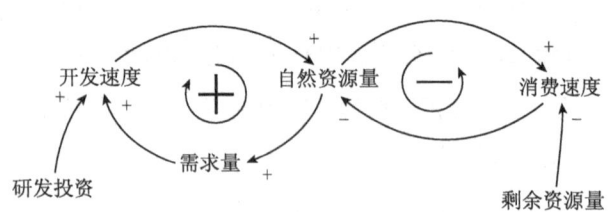

图4-1 因果与相互关系

因果链上两者之间的连接关系用箭头表示,箭头端标识的正负号表示两者之间的作用关系,"+"表示箭头所指的变量与箭头源变量为正相关关系,即前者随后者的增加而增加,减少而减少,"-"则表示两者之间的负相关关系。如图4-1所示,自然资源量随着需求的增加,为满足需求的扩大,开发速度也将加快,而随着消费速度的增大,会导致自然资源量的减少,而剩余资源量也会抑制消费。

反馈回路就是由许多因果链组成的闭合回路。可以沿着回路绕行一周观察,通过以下原则确定回路的极性:

(1)正反馈回路:反馈回路包含的负因果链个数为偶数;

(2)负反馈回路:反馈回路包含的负因果链个数为奇数。

正反馈回路的特点是,发生于其回路中任何一处的初始偏离将使系统自身获得增大与增强的效果,会因为正作用效果的加强而使系统更好,也会因为负作用效果的加强而使系统恶化。负反馈回路的特点是,它力图缩小系统状态相对于目标状态或平衡状态的偏离。如图4-1左侧为使得自然资源不断耗竭的正反馈回路,右侧为能够使得自然资源趋于稳定合理开发的负反馈回路。

在系统动力学建模过程中,由于因果关系图只能对系统基本的反馈结构进行直观描述,因此还需要建立能够清晰描述系统的速率与状态,物质流与信息流的流图。流图的基本结构如图4-2所示以及各个变量的类型如下:

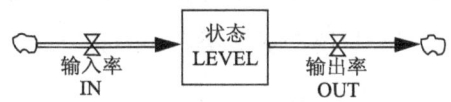

图4-2 流图结构

状态变量或者称为水平变量(level variable),其描述了系统的状态变化,反映了系统变量的累计过程。速率变量(rate variable),表示的是所指变量的变化速度。辅助变量(auxiliary variable),是由系统其他变量计算得来的中间变量。常量(constant variable),是指在模拟的时间范围内不随时间变化的量。

4.1.2 委托代理理论

4.1.2.1 基本原理

委托代理理论是制度经济学契约理论的重要发展,主要研究委托代理关系中基于契约的主体行为,通过服务获得一定的决策权力以及报酬的激励措施[117]。经济学意义上的委托代理关系,就是具有信息优势和处于信息劣势的市场参加者之间的相互关系,委托人和代理人都是为了追求自身利益的极大化,实质上是一种契约关系。其主要的经济特性为:第一,委托人与代理人存在着信息不对称的现象,而委托人一般处于信息知情的劣势地位;第二,环境的不确定性,委托人无法根据多重影响因素作用下的产出推断代理人的努力程度;第三,契约不可能完全预知事件发展的随机性,在履约过程中,代理人往往为实现其利益最大化而损害委托人的利益。

委托代理关系的主要问题为逆向选择与道德风险,都是代理人利用其信息优势为实现其利益而损害委托人的行为。对于此类问题,委托人可以在签订契约前后分别对代理人实行监督,同时委托人需要权衡由监督费用、逆向选择和道德风险的机会成本所构成的代理成本[118],进而做到以较低的代理成本解决代理人问题,促使代理人真正把委托人的利益建立在自身的利益之上,进而实现委托人与代理人的双赢。委托人的决策模型如图4-3所示。

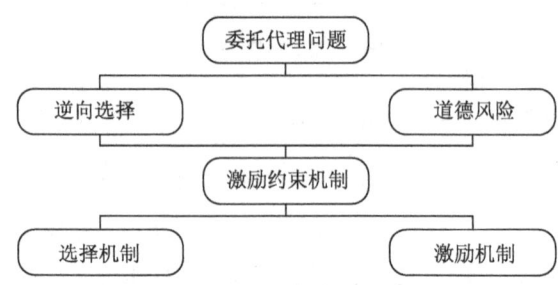

图4-3 激励约束机制对策模型

4.1.2.2 供应链中的委托代理关系

1. 燃料供应链委托代理关系分析

生物质燃料供应链,是通过主体成员的燃料收集、处理、运输和储存,并最终被生物质发电企业利用的过程。在供应链上流动的有生物质原料等物质流,反向流动的资金流以及各成员数据组成的信息流。与传统供应链有所不同的是,该供应链上供方为广大分散的农户,而需方为单一的生物质发电厂。

供应链各主体之间同样存在着信息不对称的问题,而委托代理关系在处理这些问题时有其良好的适用性。燃料交易和运作的过程是,政府或企业通过委托、契约等形式要求村委会组织农户在秸秆产出的限定时间内,完成收集和转移的任务。从上面论述的经济学角度看,这种过程体现了信息不对称以及契约不明确的特性,具有明显的委托代理关系。

2. 供应链间委托代理问题的特征

(1) 合作竞争关系。提高供应链效益的本质在于促进各主体成员之间的合作,要以发展各主体自身的核心竞争力为根本,加强协作,整合资源,进而完成上下游业务之间的衔接。相较于传统企业运作模式的独立性,供应链思想的特点在于企业不再将产品链上其他的企业作为竞争者看待,而是以合作伙伴的形式,通过对有限资源的最优化配置,共同维系着供应链的有效运行。但也需要关注的是,主体之间强调合作的同时也会为各自的利益而采取竞争手段。因此,研究供应链间的委托代理关系,也就是通过契约等形式约束不当行为,进行供应链整体利益的优化设计。

(2) 委托代理关系的动态稳定性。供应链中委托代理模型需要建立的是各主体之间持久稳定的合作关系。在供应链中,各主体的买卖关系并不是一次性的,而是致力于维持长期交易,尽管某些主体会暂时做出不理性决策,谋取短期利益,但是由于契约的约束作用或者合作关系终止所导致的损失远远大于不当收益,那么在谋求动态稳定性的长期协作关系中,这种短视行为就是不可取的。

(3) 委托代理的多任务性。传统的企业通过筛选将会选择供应价格低、产品质量好的供应商,然而随着市场竞争力的加剧,顾客对于产品综合满意度的重视,市场对产品物流配送、技术水平以及服务质量的需要,使企业很难再通过单纯的价格战营销作为竞争手段。同样,供应链各主体之间要充分合作,在有限的资源约束下,提供价格低廉、服务优越、质量提升、周期缩短的产品,要在多目标、多任务间优化改进。

(4) 有害选择和道德风险并存。与传统供应链客观上要求建立少而精的供应体系不同,生物质燃料供应主体的特殊性,要致力于建立多而精的供应体系。在此充分利用村委会的作用对供应者进行选择、评价以及有效的约束，能够避免由于企业与供应者的信息不对称，供应者做出不切实际的承诺而导致企业的损失。道德风险也是供应者不顾他人利益而最大限度地追求自身利益的自私行为，而从委托代理理论出发，则是利用了供应者自身具有信息优势的不对称性。

4.1.3 演化经济学理论

4.1.3.1 演化运作机理

演化经济学主要是将生物进化的思想与自然科学的研究成果相结合，以动态的、演化的视角分析探讨经济领域的现象及其演变规律。与传统经济学主要研究事物的存在性不同，演化经济学则是对经济系统的创生、变异、选择和保持的事物生成性研究，随着演化经济学应用日趋广泛，关于演化主题的重视程度加大，相关研究也越来越丰富。一些经济学家也根据学科现实发展普遍认为，经济学也在经历着由均衡分析而转向演化分析的趋势[119]。演化经济学运作机理研究的主要程序应该包括以下实质性要点：一是所研究的问题是一个经济系统的动态过程或为该系统如何达到某一状态而作出解释；二是外部环境的不稳定性和内部环境随机因素的可选择性，使得系统既具有不确定性，又同时存在着相应的因果关系；三是通过选择机制保留下来的适应环境的特征具有某一惯性，能够为探索较长时间内的运动轨迹提供依据。

生物质发电企业和一般企业一样存在竞争性，同样要面对适者生存、优胜劣汰的市场竞争环境，因此，其燃料供应链运营模式必须适应外部环境的变化，而具有同等的进化能力。生物的变化必然伴随着在某一点出现新的形态特征和性质，由于环境等的变化，以前的遗传基因也会出现不同的性质。生物质产业供应链的新形态的出现主要基于3个"DNA的变异"，其演化运作机理结构如图4-4所示。

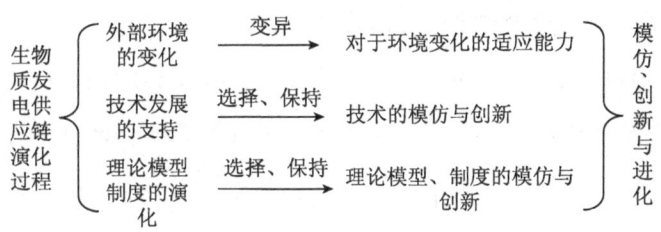

图4-4 演化运作机理结构

4.1.3.2 生物质燃料供应链运营模式演化动力分析

生物质燃料供应链运营模式的培育过程包括:"种子"期—"核"生长期—"核"形成期—"网"发展期—"群"稳定期—"区"转型期。发展历程对应的每一个环节都可以视为模式演进的系统状态,状态之间能否良好地过渡由其概率转移过程决定[120]。采用随机网络模型进行描述。菱形图示表示系统状态,箭线则表示状态之间概率转移过程的过渡关系,如图4-5所示。

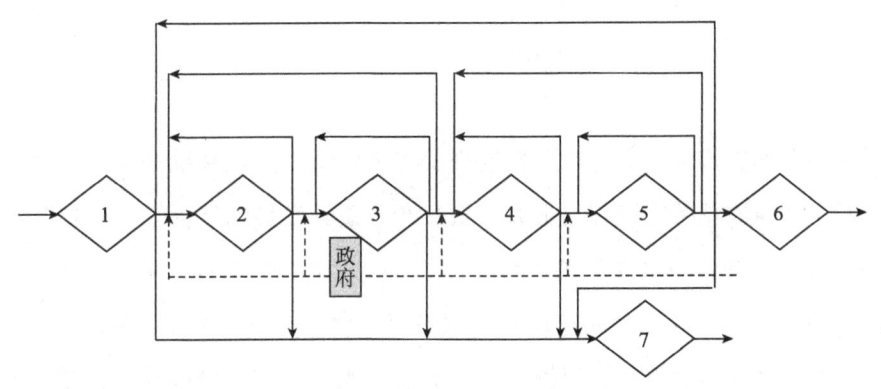

图4-5 燃料供应链模式培育模型

培育模型状态1表示生物质发电产业的种子出现,可能是一种技术或政策支持。状态2表示系统的核生长期,即胚芽成长期,是指种子不再是孤立的个体,而是能够密切联系周围资源并演变为区域的活跃因素,主要是指最初的以经纪人为纽带连接企业与农户的收集模式。状态3表示系统的核形成态,在区域范围内的集聚力逐渐增强,能够较好地吸引各项资源和专业人才,是政府参与到供应链当中来之后,以成立专业合作社为契机对供应链进行优化,但是该模式出资建设合作社又会加长供应链长度。状态4表示系统初步形成,在核周围形成众多辅助企业,区域配套设施逐步完善,产业的资源规模扩大,市场竞争力明显提高,但集群实体之间竞争激烈,主要是发电企业自建收储体系,此模式虽不需成立分享利润的合作社也不受经纪人的制约,但是企业初期投资较大。状态5表示系统进入稳定运营期,产业的集群效应突出,具备了较强的综合竞争力,辐射区域进一步扩大,企业之间合作紧密,主要指本书提出的新模式,结合中国广大农村地区的组织特色,利用现有的村委会组织而不是再成立增加供应链成本的以盈利为目的的合作社。状态6表示生物质发电产业升级转型,在新的发展阶段,突破了关键技术,研发了新型材料,使产品性能及服务实现顺利升级,旨在发展试运行之后进行的模式改进。状态7表示在各关键因素的影响下,系统运营模式的失败或淘汰,而由于各个阶段都有其演变的相对独立性,则其都有可能出现这种状况。

产业系统的种子期呈现出的特征主要有:产业发展潜力较大,发展前景伴随着不确定性,同时产业发展规模水平较小。产业系统处于培育期状态时,在政府扶持力度明显加大,新兴产业蓬勃发展的特征下,致使其具有"产业发展潜力水平"的高动力因子,因此这一时期的产业发展潜力是最大的。同时,当产业处于培育期状态时,由于产业发展的时间比较短,各要素协调性不够健全,尽管产业发展潜力水平很高,发展动力强劲,但是其发展规模水平与其他时期相比还是最小的。

从培育期进入发展期的产业呈现出的特征是:产业发展潜力水平逐步递减,但是始终处于"正数值"状态,而产业规模水平却出现逐步递增的态势,在国民经济中的比重处于一个增速较快的水平。

从发展期进入成熟期的产业特征表现为:随着产业发展规模的不断上升,其发展潜力在相应减弱,各方优势资源不断优化配置,产业规模呈现稳步增长，直至达到市场需求的较大规模的稳定值，使得该产业在国民经济发展中的作用得到良好展现，占比达到一个新的更高的水平。因此，生物质发电产业及其模式从处于种子期的一般性产业的遴选开始，历经培育期、发展期、成熟期等过程而完成产业及其模式的演进。

4.2　生物质燃料供应链系统商业模型的构建

4.2.1　系统动力学方法的选择依据

1. 系统动力学模型的适用性分析

系统动力学是采用定性分析与定量分析相结合的研究系统问题的方法与工具，对于供应链系统来说，系统动力学模型不仅可以分析各个主体成员的运营轨迹，还可以通过各主体成员的关系以整个系统为研究对象，对系统结构以及关键变量进行优化。

首先，根据生物质燃料供应链的特性，可以将其分为4个相互联系的主体，即收集部门、运输部门、存储利用部门以及外部环境。在供应链运作当中，各个主体之间以及主体与外部环境之间的联系是紧密的，并且任何主体的决策都不仅作用于自身，还会通过供应链之间的紧密联系而传递出去。因此，只有以系统、整体的以及联系、发展的视角和方法才能对供应链进行全面、动态的研究。其次，系统动力学研究的对象是系统与外部环境存在相互作用关系的开放系统，具有高度非线性、多变量以及多重反馈的特性。政策制定者可以定性地分析各主体之间的反馈关系，更重要的是结合数据化的定量分析，探索系统的动态反映效果和敏感性程度，而相机做出决策。

2. 生物质燃料系统的自身分析

生物质燃料供应链系统是由多个利益主体组成，各主体的行为对于系统运行的稳定性有着直接的影响，而政策等外部环境的改变则会导致系统平衡状态的再建，优化供应链的组织结构。

首先，生物质燃料系统是开放的。生物质燃料供应链系统的建立需要包括人、财、物以及信息等各种资源的支持，其外部效应表现在政府为促进经济发展与环境保护相协调，使得生物质发电行业得到重视，致使产业链的形成以及电价补贴、税收优惠等资金的注入。此外，外部因素还包括各环节中燃料的收集、运营和利用技术等。而在供应链系统的内部，随着燃料物质流与资金流的逆向流动，体现了子系统之间的信息共享以及协同机制。

其次，生物质燃料系统是非平衡的。子系统的异质性导致了非平衡状态的广泛性，而生物质燃料系统正是一个与环境有着多种交流形式的非平衡系统。各主体在产业发展的不同阶段有着不同的地位，如产业发展初期，燃料的收集是亟待解决的问题，而随着收集系统的不断完善，产业大规模发展所带来的各系统的运营能力成为重点，而且直到下一个均衡状态到来，这种非平衡状态会一直存在。

4.2.2　生物质燃料产业价值链分析

4.2.2.1　生物质燃料子系统的竞争分析

竞争是产业发展的主要推动力之一，市场合理性竞争的存在才能让各个主体去追求更高的目标，优化供应链环节。外部环境的输入将作用于整个产业链系统，子系统能否健康发展取决于其自身的优势条件，主要表现为其资金技术实力或者组织结构的稳定性，这些特性致使输入产出效率的不同，进而导致了竞争。另外，系统内部各个子系统之间由于有着利益关系的影响也存在着竞争。最显著的例子就是生物质燃料系统内关于燃料价格的竞争，在发电企业与收购站之间，收购站为了保证燃料价格的合理性就必须提高自身的运营效率，降低成本。同样价格的竞争也会促进农户或者村委会为了降低成本而提高自身效率，而效率低的主体将会影响供应链的运作而被整改。对于生物质燃料系统来说，村委会在系统中获取利益的同时又有着公益服务的性质，其本身就是受政府或者企业的委托而建立的子系统，有着特有的性质，生物质发电产业发展的迟滞性及其燃料产业链多利益主体关系的复杂性，使得村委会的效率不高，而进一步明确其在连接广大农户与企业之间的责任义务关系是解决问题的关键。因此，正是由于不同形式、不同阶段竞争的影响，才促进了系统不断地优化发展。

4.2.2.2 生物质燃料子系统的协同分析

在一个系统内，产业发展的另一个推动力是各主体之间的协同。竞争与协同是相互依存的，各主体之间正是通过协同机制对资源的整合和优化才能保证供应链的建立以及有效运行。例如，拥有广大资源的农户以收购站为通道，村委会为纽带实现与发电企业之间的物质供给和需求关系，由于供应链流通环节多、不确定性因素大，而建立整体的协同关系能够保证信息资源共享、降低库存费用、产生规模化效应。此外，政府对于协调供应链的发展，维持供应链的运行均具有至关重要的作用，现阶段生物质发电产业的发展有赖于政府的政策支持以及资金补贴。政府需要提高对透视短板效应现象的洞察力，给予供应链中的薄弱环节以强有力的支持，强化相应环节的应变能力，以避免由于该现象的出现而导致整个供应链的崩溃。同样，对于子系统的内部企业来说，其竞争形式不仅表现在个体性竞争，还有作为行业组成部分参与竞争，而对于生物质发电这样初始投资巨大、投资回收期较长以及供应链参与主体较多的行业来说，同行业内部企业之间的协同就是必要的，一方面可以避免重复投资，另一方面可以进行技术、组织管理以及运营方式的交流。总之，协同机制的建立有利于对于资源高效的整合,其广泛存在于行业层面和企业层面。

4.2.2.3 供应链相关主体的经济属性分析

1. 燃料收集主体的经济属性分析

作为燃料供应链的起点,广大分散的农户是供应链有效建立与运行的关键主体,其与供应链其他主体的关系如图4-6所示。以农户作为整个经济主体子系统来研究,农户的收入主要由以下几部分构成:第一,政府对于农户收集秸秆的补贴。由于农户为秸秆的收集、生物质产业的发展以及间接为全社会环境保护做出的贡献,因此政府有理由向农户给予一定的经济补贴;第二,与收购站之间的秸秆交易额。农户通过收购站将秸秆通过发电企业再利用,在实现了秸秆价值转移的同时也享受到了其所带来的经济利益和用电需求。农户的支出则主要为简单机具等,而通过收益完全可以对相关设备进行升级。

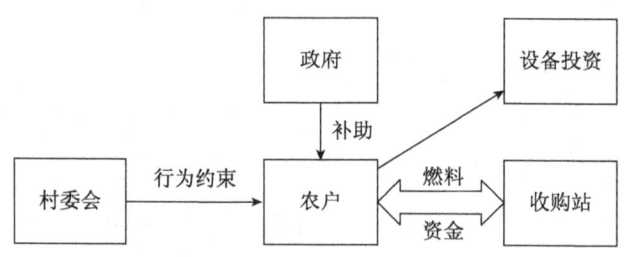

图4-6 农户经营关系

因此,农户的年利润是通过政府补助、交易所得等综合作用的结果,则农户的经营状况可以用以下函数表示:其中函数N(·)为农户的年收入函数:

$$P_{roNH} = N(S_{NH}, P_{NS} * Q_{NS}) - I_{NH} \quad (4-1)$$

$$Q_{NH} = Q_{SQ} \quad (4-2)$$

式中,P_{roNH}——农户的年利润(万元/年);

S_{NH}——政府对农户的经济补贴(元/吨);

P_{NS}——农户和收购站达成的燃料交易价格(元/吨);

Q_{NS}——农户与收购站之间的秸秆交易量（吨/年）；

I_{NH}——农户的再投资支出（元/年）。

2. 燃料运输部门的经济属性分析

运输部门指的是燃料运输系统的收购站，有效的运输系统的建立对于生物质发电产业的发展将起到至关重要的作用，图4-7表示了收购站与其他主体的关系。收购站的主要收入有发电企业与其进行秸秆交易的支付额部分，此外就是由于行业初期参与方对未来盈利的不确定性，而由政府进行的补助部分，从长远看来，随着收购商经济主体的完全市场化运营，该部分将会被弱化。收购站支出的构成部分主要有：（1）对农户的支付成本；（2）运营成本。主要是指收购站为其维持日常的经营所支付的成本，以运输车辆为例，收购站为了从农户获取燃料资源，维持其正常的运营所需要支付的车辆燃油费、员工工资以及其他损耗维修等相关费用。总体来说，收购站的优化潜力较大并且可操作性强，如通过对于货车分配量以及燃料处理设备量的优化，均会有效降低燃料的成本，这就需要收购站在保证现有资源利用高效的同时不断追求更优的运营能力。

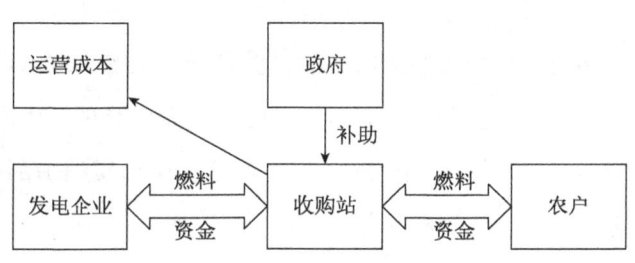

图4-7 收购站经营关系

因此，收购站的年利润是交易额等收入以及各项运营成本支出的函数，可以用以下函数以及约束条件表示，其中G(x)为收购站的年收入函数：

$$P_{roSG} = G(S_{SG}, P_{SQ} * Q_{SQ}, C_{SG}) - I_{SG} \qquad (4-3)$$

$$G'_{i=1,\cdots,3} > 0, G'_{i=4,5} < 0 \qquad (4-4)$$

式中，P_{ro}——收购站的年利润（万元/年）；

S_{SG}——政府对收购站每年的财政补助（万元/年）；

P_{SQ}——收购站与发电企业之间的燃料交易单价（元/吨）；

Q_{SQ}——收购站与发电企业之间的燃料交易量（吨/年）；

C_{SG}——收购站的运营成本（万元/年）；

I_{SG}——收购站改善经营再投资（万元/年）。

3. 发电企业的经济属性分析

追求利润最大化的经济目标是由企业经营性质所决定的，发电企业在运营过程中的经济属性是关系企业发展的命脉，其与系统其他主体的关系如图4-8所示。发电企业经营收入的构成部分主要有：①电网公司的支付。发电企业最直接的销售主体就是电网公司，而电网公司在政策的引导下有义务全额优先收购生物质发电。②政府补助。生物质发电产业具有优越性，但是企业的初始投资较大，因此无论是对于促进行业发展还是燃料供应链的稳定运行，都需要政府给予一定的经济补助。③对于诸如出售灰渣等非主要资金源并且操作难度大的收入所得在此不再考虑。

发电企业的主要成本包括：①燃料支出。在于收购站进行交易时，发电企业所需支出的燃料购入额费用。②建设投资。生物质发电设备价格昂贵，占总投资的比重大。③发电成本。发电企业需要对现有生产设备进行定期的维修保养，对燃料进行处理使其能够符合生物质锅炉的燃烧条件，还有诸如企业人员工资、燃料储存成本等。

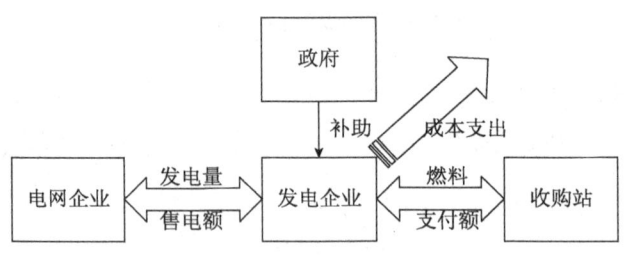

图4-8 发电企业经营关系

因此，发电企业的年收入函数如下所示，其中函数 F（x）为发电企业的年收入函数。

$$P_{roQY} = F(P_{ele} * Q_{ele}, S_{QY}, C_{con}, C_{op}) - I_{QY} \quad (4-5)$$

$$F'_{i=1,\cdots,4} > 0, F'_{i=5,6} < 0 \quad (4-6)$$

式中，P_{roQY}——发电企业的年利润（万元/年）；

S_{QY}——发电企业通过政府所获的补贴电价（元/千瓦时）；

P_{ele}——发电企业的单位上网电价（元/千瓦时）；

Q_{ele}——发电企业的年发电量（千瓦时/年）；

C_{on}——企业建设投资（万元）；

C_{op}——企业运营支出（万元）；

I_{QY}——企业每年的研发技术投资（万元/年）。

4. 村委会的经济属性分析

村委会作为政府的代表，根据其特性，其主要以财政补贴作为收入，但是在政府引导生物质发电行业的政策支持下，村委会还可以建立与企业之间的委托代理关系，在获取适当利润的同时，调动广大农户的积极性并对其露天燃烧秸秆以及为谋取不当利益而影响秸秆质量进行监督与约束。主体性质不同决定了其经营原则的不同，并且其运作方式也是有区别的，村委会与其他主体的不同之处在于其经营目标并不是追求利润的最大化而是致力于环境保护以及为农民谋福利的社会效益的最大化，其与系统其他成员的关系如图4-9所示。

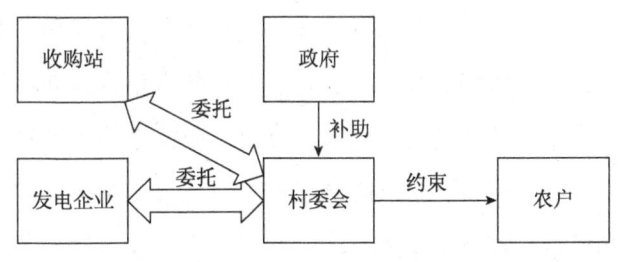

图4-9 村委会关系

村委会的收入函数可以表示如下,其中函数 V（x）为村委会的年收入函数：

$$P_{roVC} = V(S_{VC}, C_{VC}) - I_{VC} \qquad (4-7)$$

$$Object = maxSHXYC \qquad (4-8)$$

式中　P_{roVC}——村委会在系统运营中所得利润（万元/年）；

　　　S_{VC}——政府对于村委会的补助（万元/年）；

　　　C_{VC}——村委会的运营成本（万元/年）；

　　　I_{VC}——村委会的再投资建设（万元/年）。

在生物质燃料供应链系统中,政府实际上在经济补贴方面扮演着阶段性的角色,随着系统逐渐完善以及各成员市场化的运营,政府将改变经济补贴的手段,转而以政策性的支持保障产业的持续发展。村委会也应该明确其作为政府代表在供应链中所起到的纽带作用,在调动广大农户的积极性以及监督保障燃料的质量的基础上,又作为农户的代表与收购站或发电企业进行有效的沟通。至此,已经确定了生物质燃料供应链的各主体关系,为进一步构建供应链运营模式的系统动力学模型奠定了基础。

4.2.3　生物质燃料运营模式系统动力学模型构建

燃料供应链系统主要包括以下几个阶段,即燃料的收集加工、运输储存和消耗利用。不同的阶段有着不同的特征,但都存在着燃料的转移过程以及价值转换。作为价值链起始点的农户和村委会,需要担负起燃料收集的责任。燃料供应链系统的收购站负责从农户购入秸秆,并承担生物质燃料的转运活动,销售给终端发电企业。燃料供应链系统的终端主要是生物质发电厂。这样的生物质燃料供应链系统产业化模型中包含了农户、村委会、收购站和发电厂4个子系统,这4个子系统存在着秸秆流和资金流的有序流动,并在其引导作用下形成了系统反馈关系。

1. 模型基本假设

由于目前生物质发电燃料供应链运营还没有成熟的商业模式，各成员在供应链中活动的随机性波动较大，以及外部环境因素的不确定性将对模型产生重大影响，所以对系统动力学模型做出如下假设：

假设1　建立交易市场。农户收集的秸秆能够及时得到处理，由于经济奖励的作用都有很大的积极性，鉴于上网电量全额收购和电力调度优先等鼓励政策，生物质电厂发电量能够全额上网。

假设2　生物质秸秆总量基本固定，但是由于周期性，每个时期的产量不同，故简化模型为稳定性的收集运输。

假设3　逐步实现监管部门职责的规范化和建立透明的信息共享平台，系统各成员的决策基于配套的法律法规约束，环境保护的内在要求以及产业资源共享等统一性目标，使之有效避免无序化和非理性化行为而导致的系统崩溃。

假设4　能源领域的科学技术保持相对平稳发展，在一定时期内不会出现颠覆性的革命性成果，诸如页岩气等新能源不会在短时间内普及，以期保证生物质发电产业的发展态势。

假设5　各参与主体在参数确定上能够保持连贯性，在模拟的整个运营周期内，参数的变动要符合系统整体行为的协调一致性，避免各参与者对于有关参数的随机变动而致使系统模拟结果失真。

假设6　生物质发电产业的商业价值在其发展过程中得到充分开发，经济效益取得相当规模，进而能够使得该产业的商业模式即使没有政府的财政支持也能够良好运行。

2. 系统动力学因果回路图和流图分析

在燃料供应链系统中，政府通过对发电企业和农户进行经济补贴，从而促进行业发展和提高农户积极性，引起秸秆需求量（即按照现有的生物质发电装机容量规模可能需求的秸秆量）的变化，秸秆需求量能够直接引起秸秆废弃量的变化，而秸秆废弃量将会通过发电厂规模、农户收集能力、收购站运营能力和村民委员会的收集效率来进行控制，这样就建立了图4-10左边的4个负反馈环。在因果图的右侧，政府通过对村民委员会和收购站的经济补贴或者政策支持，助其完善组织行为能力和扩大经营规模，在提高其收集效率和运营能力的同时，改善现有的秸秆被大量废弃的现象，使得秸秆收集量大大增加，促进社会效益递增，继而又拉动了村民委员会和收购站的效益，如图4-10右侧的4个正反馈环所示。农户和发电厂经营运作也如上所述，于是就形成了左侧的2个正反馈环，整个秸秆供应链系统的运作机理正是建立在众多正负反馈回路基础结构，由各个参与者及其作用关系的基础之上，通过协调发展以实现系统运行的均衡状态，其因果关系回路图如图4-10所示。

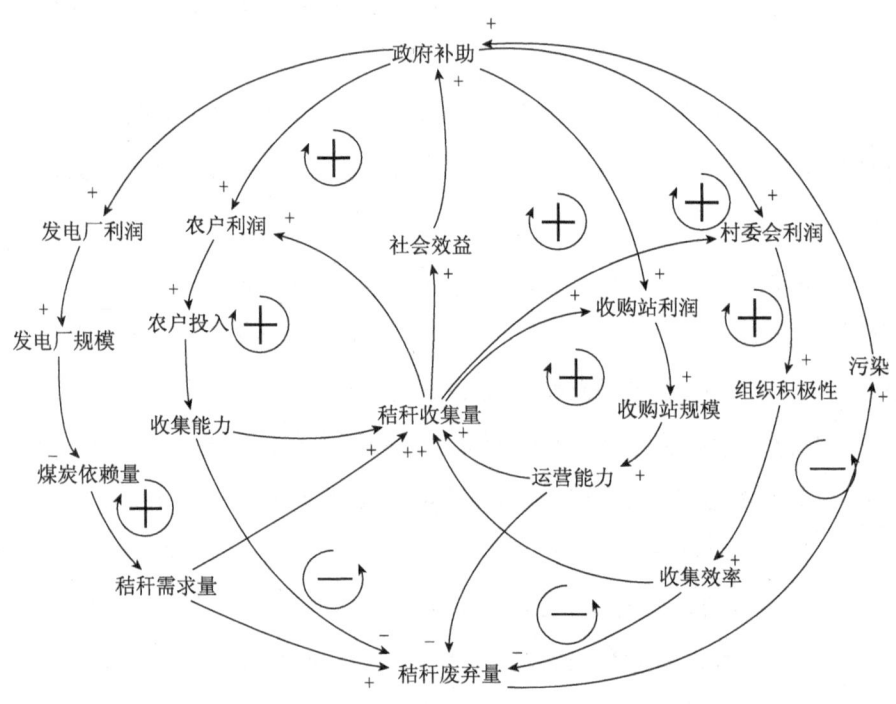

图4-10 秸秆供应链系统商业运营模式因果关系图

在上文分析的因果关系回路图和 SD 方程的基础上，运用 Vensim 软件来构建秸秆供应链系统总水平 SD 流图（见图 4-11）。在图 4-11 中，涵盖了多个水平变量，分别是农户利润、村委会利润、收购站利润、发电厂利润等各参与者客观性利益因子，秸秆收集能力、运营能力以及利用能力等各参与者主观能动性因子。结合各个变量之间的相互关系以及其自身发展的影响因素，能够确定图示的其他变量，这里主要分析 11 个速率变量和 30 个辅助变量以及常数变量。在所叙述的水平变量中，客观实际的利润水平变量是在年收入和年支出的速率变量的作用下体现的。各成员主观投入的能力水平变量则受到各成员再投资意愿程度和技术输入及其转化系数的影响。

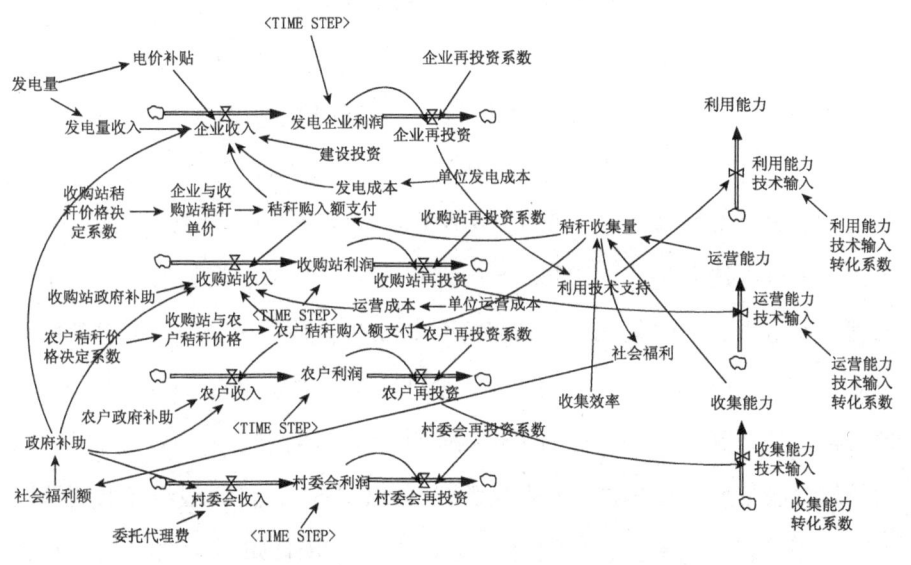

图 4-11　秸秆供应链系统运营模式流

3. 系统动力学模型方程的建立

在因果关系图和流图的基础上，系统动力学对于建立的定性关系的模型进一步做定量分析，但是由于系统内各主体之间以及主体内部的变量多、结构复杂以及反馈特性，运用通常的数学方法难以求解。随着系统动力学的发展，其反馈设计的专用语言 DYNAMO（Dynamic Models）也在不断地完善，由 DYNAMO 语言的定义规则可知，L（Level variable）表示方程中的状态变量，R（Rate variable）表示引起状态变量变化的速率变量，A（Auxiliary variable）表示由系统其他变量计算所得的辅助变量，C（Constant variable）表示不随时间变化的常量。

对于原料收集者农户来说，状态变量（NHLR）由两个速率变量决定，即农户年收入（NHSR）和提高自身秸秆收集效率的再投资（NHTZ）。为了简化模型也考虑实际测算，变量 NHTZ 可以用农户的利润与其再投资系数（NHTZXS）的乘积进行表示；分析农户收入速率变量，促进其增大的辅助变量主要有以下几点：

（1）收购企业对于采购农户秸秆所支出的购入额支付（SGNHZF），而该变量的数值可以用农户和收购站之间的秸秆交易量（SGNHJYL）与契约规定或者市场调整的秸秆供应单价（SGNHJYDJ）的乘积所得，而 SGNHJYL 就等于农户秸秆的收集量（SJL）。

（2）政府给予农户的补助（NHZFBZ），取决于农户的秸秆收集量水平，具体可以选取 SJL 与 NHBZXS 的乘积所得。而对于其起到负相关作用的辅助变量为农户收集成本（NHSJCB），由单位收集成本（DWSJCB）和 SJL 的乘积确定。农户再投资主要实现的是提高收集能力，降低收集成本的目标，那么变量 DWSJCB 的影响因素就是农户的收集能力（SJNL），农户的燃料收集成本在其收集能力显著提高的作用下，将会逐步降低到可以实现连锁盈利的水平。收集能力的技术输入（NHJSSR）取决于农户对收集能力的再投资与收集能力转化系数（NHZHXS）2 个因素的作用，而技术输入水平的提高也会显著拉动农户的收集能力。因此，农户的相关方程如下：

$$L\ NHLR.\ K = NHLR.\ J + DT * (NHSR.\ JK - NHTZ.\ JK)$$

$$R\ NHSR.\ KL = function\ (SGNHZF.\ K,\ NHZFBZ.\ K,\ NHCB.\ K)$$

$$R\ NHTZ.KL = NHLR.K * NHTZXS.K$$

$$A\ NHTZXS.K = IF\ THEN\ ELSE\ (\ )$$

$$A\ SGNHZF.K = SGNHJYDJ.K * SGNHJYL.K$$

$$C\ SGNHJYDJ.K = (\ )$$

$$A\ SGNHJYL.K = SJL.K$$

$$A\ NHZFBZ.K = SJL.K * NHBZXS.K$$

$$C\ NHBZXS.K = (\ )$$

$$A\ NHSJCB.K = DWSJCB.K * SJL.K$$

$$A\ DWSJCB.K = function\ (SJNL.K)$$

$$L\ SJNL.K = SJNL.J + DT * NHJSSR.JK$$

$$R\ NHJSSR.JK = SMOOTH\ [MAX\ (NHZHXS.K, 0), 10]$$

$$A\ NHZHXS.K = IF\ THEN\ ELSE\ (\ )$$

秸秆收购站的运营因素指标中，收购站利润（SGLR）为衡量内部盈利状况的状态变量，由收购站的年收入（SGSR）和其年再投资（SGTZ）变量所决定。同时为了简化，取收购站的利润与其再投资系数（SGTZXS）的乘积作为年再投资的参考值。能够提高年收入水平的辅助变量主要有以下几点：

（1）政府为促进供应链燃料转运效率，协助收购站的建立，给予收购站的补助（SGZFBZ），可以量化为 QYSGZF 与收购站的补贴系数（SGBZXS）乘积的形式。

（2）收购站在将秸秆运送至发电企业后，发电企业支付给收购站的相关费用（QYSGZF），具体运算方式可以通过收购站与发电企业之间的秸秆交易量（QYSGJYL）与其秸秆供应单价（QYSGJYDJ）的乘积所得。其中交易量由发电企业的秸秆需求量 QYXQL 所决定。而其负相关的辅助变量包括：①收购站在从农户取得原料时所支付的费用（SGNHZF），该项费用以收购站和农户完成的秸秆交易量（SGNHJYL）与其秸秆交易单价

（SGNHJYDJ）的乘积为取费标准。由于加工处理后燃料的松散性问题得以解决，密集程度得到大幅提高，因此本书假定燃料在运输过程中的损耗率为零，那么秸秆的收集量（SJL）在所设定的条件下就等于变量 SGNHJYL。②收购站在日常运转中的运营成本为 SGYYCB，由于收购站主要是以燃料为核心建立起来的，则可以简化为单位运营成本（DWYYCB）与秸秆交易量之积，同理则存储成本（SGCCCB）可以简化为单位存储成本（DWCCCB）与秸秆交易量（SGNHJYL）之积。③单位运营成本 DWYYCB 以及单位存储成本 DWCCCB 会随着收购站运营能力（YYNL）的提高逐渐减低，对各个环节的联动效应尤为突出。收购站的运营技术输入（YYJSSR）能够有效反映其运营能力能否得到改善，而其量化的表达式可以用再投资与运营能力的转化系数（SGZHXS）乘积的形式给出。收购站的相关方程如下：

$$L\ SGLR.K = SGLR.J + DT*（SGSR.JK - SGTZ.JK）$$

$$R\ SGSR.KL = function（SGZFBZ.K, QYSGZF.K, SGZF.K, SGYYCB.K, SGCCCB.K）$$

$$R\ SGTZ.KL = SGLR.K * SGTZXS.K$$

$$A\ SGTZXS.K = IF\ THEN\ ELSE（\ ）$$

$$A\ SGZFBZ.K = QYSGZF.K * SGBZXS.K$$

$$C\ SGBZXS.K = （\ ）$$

$$A\ QYSGZF.K = QYSGJYDJ.K * QYSGJYL.K$$

$$C\ QYSGJYDJ.K = （\ ）$$

$$A\ QYSGJYL.K = QYXQL.K$$

$$A\ SGNHZF.K = SGNHJYDJ.K * SGNHJYL.K$$

$$C\ SGNHJYDJ.K = （\ ）$$

$$A\ SGNHJYL.K = SJL.K$$

$$A\ SGYYCB.K = DWYYCB.K * SGNHJYL.K$$

$$A\ SGNHJYL.K = SJL.K$$

$$A\ SGCCCB.K = DWCCCB.K * SGNHJYL.K$$

$$A\ SGNHJYL.K = SJL.K$$

$$A\ DWYYCB.K = function\ (YYNL.K)$$

$$A\ DWCCCB.K = function\ (YYNL.K)$$

$$L\ YYNL.K = YYNL.J + DT * YYJSSR.JK$$

$$R\ YYJSSR.JK = SMOOTH\ [MAX\ (SGTZ.JK * YYZHXS.K,\ 0),\ 5]$$

$$A\ YYZHXS.K = IF\ THEN\ ELSE\ (\ )$$

燃料利用端的发电企业对于秸秆能否充分吸纳，决定着供应链前述环节各参与者存在的意义。根据所绘制流图其状态变量为企业利润（QYLR），并由以下2个速率变量的取值决定，分别是发电企业的年收入（QYSR）和企业的年再投资（QYTZ）。年再投资变量可参考以上主体所述，比较简单，通过以企业利润与企业再投资系数（QYTZXS）的乘积进行量化核算。促进年收入速率变量提高的有关辅助变量主要有：①销售给电网公司的发电量收入（FDSR），该变量的计算方式为上网电量（SWDL）与单位上网电价（DWSWDJ）的乘积，值得注意的是，上网电量并不等于发电量，对于发电厂来说，发电量并不全部销售给电网公司，同时电厂还要消耗12%～14%的厂用电量。②政府对于生物质发电上网电价给予的电价补贴（DJBT），可以用上网电量（SWDL）与单位补贴电价（DWBTDJ）的乘积来表示。发电企业对于原料利用技术要不断投资，提高其技术创新能力，促进其科技成果落地。利用技术输入（DCJSSR）以企业再投资与利用能力转化系数（DCZHJS）的乘积进行量化，是长远分析发电企业对于燃料利用能力的重要因素。在生物质电厂的单位燃料成本再利用能力不断提高的情况下，将会显著降低到能够决定产业发展的合理化水平。

年收入速率变量的制约性辅助变量主要有：①从收购站收购秸秆所支付的相关费用（QYSGZF），具体运算方式可以通过收购站与发电企业完成的秸秆交易量（QYSGJYL）与契约规定或市场调整的秸秆供应单价

（QYSGJYDJ）乘积所得。其中交易量由发电企业的秸秆需求量 QYXQL 所决定。②生物质电厂的建设投资（JSTZ）中占绝对比重的是设备购置费用，而由于其相对容易确定，可以用单位装机成本（DWZJCB）与装机容量（ZJRL）的乘积表示。③发电厂的发电成本（FDCB），包括燃料预处理成本（YCLCB）、运输成本（YSCB）、存储成本（CCCB）、员工工资福利（YGGZ）、折旧费（ZJF）、修理费（XLF）以及其他费用（QTFY），由于运转成本的动态稳定性，波动性小，故本书采用常数对其简化处理。因此，发电企业的相关方程如下：

L QYLR. K = QYLR. J + DT * （QYSR. JK − QYTZ. JK）

R QYSR. KL = function（FDSR. K, DJBT. K, QYSGZF. K, JSTZ. K, FDCB. K）

R QYTZ. KL = QYLR. K * QYTZXS. K

A QYTZXS. K = IF THEN ELSE（ ）

A FDSR. K = SWDL. K * DWSWDJ. K

C DWSWDJ. K = （ ）

A DJBT. K = SWDL. K * DWBTDJ. K

C DWBTDJ. K = （ ）

A QYSGZF. K = QYSGJYDJ. K * QYSGJYL. K

C QYSGJYDJ. K = （ ）

A QYSGJYL. K = QYXQL. K

C QYXQL. K = （ ）

A JSTZ. K = ZJRL. K * DWZJCB. K

C DWZJCB. K = （ ）

A FDCB. K = YCLCB. K + YSCB. K + CCCB. K + YGGZ. K + ZJF. K + XLF. K + QTFY. K

C YCLCB. K = （ ）

C YSCB. K = （ ）

C CCCB. K = （ ）

$$C\ YGGZ.K = (\ )$$
$$C\ ZJF.K = (\ )$$
$$C\ XLF.K = (\ )$$
$$C\ QTFY.K = (\ )$$
$$L\ LYNL.K = LYNL.J + DT * DCJSSR.JK$$
$$R\ DCJSSR.JK = SMOOTH\ (MAX\ (QYTZ.JL * DCZHXS.K,\ 0),\ 10)$$
$$A\ DCZHXS.K = IF\ THEN\ ELSE$$

村委会是联系收购站和农户之间最重要的纽带，既能够受政府委托保证双方的利益，使发电企业能够获取充足稳定的秸秆，又能极大程度地促进行业发展。村委会不是模型中的主导环节，为简化模型减少村委会的相关变量，状态变量村委会利润（CWHLR），其主要由两个速率变量所决定，即村委会的年收入（CWHSR）和村委会的年再投资（CWHTZ）。其中 CWHTZ 可以通过用村委会收入和村委会年再投资系数（CWHTZXS）的乘积来量化，村委会的年收入（CWHSR）现阶段可以简单化为合同收入，用秸秆收集量（SJL）与政府或相关单位所签署的合同价（HTJ）的乘积表示，其中变量（HTJ）体现了政府对于产业发展的重视程度以及对村委会工作认可的补助力度，进而逐渐过渡到通过该行业发展效益化水平来修正政府补助额度。建立村委会相关方程如下：

$$L\ CWHLR.K = CWHLR.J + DT * (CWHSR.JK - CWHTZ.JK)$$
$$R\ CWHSR.KL = SJL.K * HTJ.K$$
$$R\ CWHTZ.KL = CWHLR.K * CWHTZXS.K$$
$$A\ CWHTZXS.K = IF\ THEN\ ELSE\ (\ )$$
$$C\ HTJ.K = (\ )$$

现阶段，政府补助是系统的建立以及能否良好稳步运行的决定性因素，在整个系统的运营过程中起到至关重要的作用，这主要归因于生物质发电产业的特性。投资高，参与主体多，投资回收期长，不确定性大，使投资主体进入到该产业的积极性不高,在这种情况下,政府为了促进新兴产业的蓬勃发展,对有关积极参与者给予合理的经济补助或政策扶持来推动系统的快速建成以及良好运行是必不可少的。

通过以上论述以及方程的建立,政府补助主要有以下几个去向:①为有效约束农户浪费、焚烧秸秆,提高农民收集秸秆的积极性而通过委托代理行为对其直接管理者即村委会的补助(CWHBZ),该值等于村委会的收入。②由于发电企业投资成本高,资金回收缓慢,因此为促进行业发展,需要对发电企业补助(QYZFBZ),可以对其虚拟产品,就是发电上网电量的电价补贴(DJBT),可以用上网电量(SWDL)与单位补贴电价(DWBTDJ)的乘积表示。③对于农户和收购站的补助可以看成已经通过村委会和发电企业变相补助,或者以物质反馈形式或者政策性激励等进行补助。模型建立前期,政府相关部门不仅要在产业政策、技术管理方面给予指导,也要在财政补助,税收优惠方面助推系统的建立,当系统能够良好运行,各参与者已经相对稳定,那么政府就可以转变工作的侧重点,减少或取消资金支持。政府补助的相关方程如下:

A ZFBZ. K = NHZFBZ. K + QYZFBZ. K + SGZFBZ. K + CWHSR. K

A NHZFBZ. K = SJL. K * NHBZXS. K

C NHBZXS. K = ( )

A QYZFBZ. K = DJBT. K

A DJBT. K = SWDL. K * DWBTDJ. K

C DWBTDJ. K = ( )

A SGZFBZ. K = QYSGZF. K * SGBZXS. K

C SGBZXS. K = ( )

A CWHSR. K = SJL. K * HTJ. K

C HTJ. K = ( )

通过以上分析,已逐步建立起了系统模型所包括的方程,需要进一步根据实证考察所获得的数据，对于各变量参数以及常数等变量赋予对应的初始值。上述工作完成后，通过 Vensim 软件对所建立模型进行仿真模拟，结合运行结果探索模型优化改进，提出有针对性的建议，达到定性分析与定量分析结合的目的。根据上述建立方程过程可以看出，一方面是方程数目多，包括的变量及其关系显得复杂；另一方面则体现了反馈方程的特点，各个方程通过相关变量联系就有了相互之间的关系，那么常规定量的方法求解难度增大，难以直观分析，对于这类反馈方程，常规的定量方法难以对其求解，而系统动力学方法在生物质燃料供应链系统研究中的适用性也就显现出来。

4. 模型的相关检验

在系统动力学模型建立之后需要对模型进行相关性检验，以确定模型对于实际系统的有效反映，根据系统动力学理论基础以及建模方法[120][123]，主要分为以下四组进行检验。

（1）模型结构的适合性检验。其主要包括：第一，量纲的一致性检验。对于各变量以及方程两边均要符合情况，保证一致性；第二，方程极端条件检验。方程的变量在其允许的范围内尤其是趋于极端值得情况下，方程的结果依旧合理；第三，模型边界的合理性。检验所建模型的各个变量是否能够充分涵盖对研究目的的需要。

（2）模型行为的适合性检验。第一，参数灵敏度检验。参数某些微小的改变或者参数在合理范围内的变化，考察模型灵敏度的反映；第二，结构灵敏度。检验模型对于改变组成结构或者修改方程，模型的灵敏度如何。

（3）检验模型结构与实际系统的一致性。首先是外观检验。对于所构建的模型是否能够对于现实系统进行良好的反映，其内部的反馈结构关系能否体现现实系统的各要素环节；其次是参数含义及其数值检验。模型参数是否在其实际系统中有具体的意义以及参数的变化范围能否与实际反馈系统的数值变化相一致。

（4）检验模型组织行为与实际系统运行的一致性。主要包括以下三个方面：第一，模型异常行为检验。解决此类问题的方法就是对于模型各环节变量或参数进行反复验证并做出完善修改；第二，模型行为再现检验。主要是模型在一些外部扰动下，能否真实重现实际系统应有的行为；第三，极端条件下的检验。在模型所设参数值极端情况或者极端政策出现时，模型行为是否仍具有合理性。

4.2.4 本章小结

本章以 4.1 基本理论分析为基础构建了生物质燃料供应链模型。第一节是在分析生物质燃料供应链的特点的基础上，阐述了系统动力学模型的适应性。第二节从促进系统发展的竞争关系以及提高资源整合的协同机制角度着手，进而定性地分析了包括农户、收购站、发电企业和村委会等子系统的经济属性以及运营关系图。第三节构建了生物质燃料供应链的因果回路图和流图，根据流图中各变量间的联系与反馈的关系，运用 DYNAMO 语言来建立相关方程组。第四节在模型建立后对其进行相关性检验，并通过检验确定模型的合理性。

第5章
生物质燃料供应链系统动力学仿真

5.1 案例选取以及模型初值

以江苏某生物质发电示范项目("十一五"科技攻关项目)为例,其现有装机容量25MW,总投资约3亿元,年消耗农林废弃物约20万吨左右,每天需消耗原料约556吨,年发电1.8亿千瓦时,年上网发电量约1.6亿千瓦时,年销售值1.2亿元(0.75元/千瓦时),所发电量就近接入110KV变电站。生物质发电产业的发展不仅改善了秸秆焚烧现状,更为农民带来了额外的收益,按照当下秸秆收购价水平测算,每吨秸秆约为200元左右,农民通过直接销售秸秆每年所得达到4000万元之多,而秸秆的综合开发效益能够在燃料的收集、加工、存储、运输等环节中带动周边几千人的就业,并带来丰富的人力资源,还能使得燃烧后的灰渣能够再次以肥料的形式从而改善农田的产出能力。

对收购站各项成本进行分析,由于政府极力促进生物质发电行业的发展,收购站在场地审批中能够得到很大的优惠,其主要的运营成本构成为:

(1)燃料及润滑油。生物质电厂的燃料年需量为20万吨,其日均消耗量为556吨。当地柴油油价约为5.82元/升;可以估算出每台车每日消耗的燃料成本为185元，另外其他消费诸如润滑油购置等项目需将费率标准设置为0.15，共计212元（28台中型拖拉机，每台车每天运输3次）。每月该项费用的支出额为：212×30×28＝178080元。

（2）维护费和轮胎费用摊销。农用拖拉机每天的费用支出大约为20元，那么每月的支出额度为：20×30×28＝16800元。

（3）员工工资。按照现有工资水平的要求，支付给车队人员的工资至少为4000元/月，收购站现有驾驶员为35人，故该项费用每月支出为：4000×35＝140000元。

（4）装车费用。在有充足秸秆的供给下，每天调运车辆约为84批次，装载机的运用大大提高了装车效率，统计结果显示其装满一辆挂车的平均时间为10分钟，日常工作14小时，当装载机的工作效率呈现稳定状态时的油耗费用约为40元/小时，那么该项费用的支出为：40×14×30＝16800元。现有机车多带有自卸功能，原料卸车过程基本达到自动化水平而省去了人工成本。

（5）折旧费。折旧额的计算方式很多，在此采用相对简便的平均年限法对于各相关设备测算折旧额。大中型拖拉机和挂车的折旧年限一般为12年，每台拖拉机购入成本为9万元，假设其净残值为5000元，则设备的月折旧总额为28×（90000－5000）/（12×12）＝16520元，随着收储点数量增加，收集成本呈U型变化趋势，在12个左右时，收集成本最小，装载机购入成本为40万元，净残值的取值为1.6万元，那么这些收储点每月装载机的折旧额为12×40×（1－4%）/144＝3.24万元。

（6）一般管理费用。目前共有4名管理人员，管理人员每月工资为2500元/人，则每月费用支出为2500×4＝10000元。于是每月运营支出为17.808＋1.68＋14＋1.68＋3.24＋1＝39.408万元，另外统计出存储成本，则成本换算可得43.6元/吨，收购站获利按照20元/吨来提取，其中一半为政府补助。通过将标准煤作为中间变量测算所知，现有平均水平下每发一度电约消耗的生物质秸秆燃料1200克。

类比于上述计算方式，可以求出发电企业的各项发电成本参数，在此不再论述，详见表5-1。

表5-1 发电企业主要参数

电力单位成本名称	数值	备注
燃料预处理	0.09元/千瓦时	包括成型燃料、粉碎、脱水、预压、压缩、粘结剂程序、保型程序
燃料运输	0.03元/千瓦时	收购站运输到发电厂的运输费用及其他相关费用，看以参考收购站与农户之间的运输过程
建设投资	1.2万元/千瓦	项目建设规模小，单位造价却很高，与同等装机容量的燃煤电厂相比，其投资要高出3倍多
燃料存储	0.025元/千瓦时	发电厂周围每月都有充足的秸秆资源，项目所使用的生物质秸秆存储时间不超过1个月
员工工资福利	0.04元/千瓦时	企业现有职工72人，人均年收入约3.5万元，成本控制较好，但是整体待遇偏低
折旧费	0.11元/千瓦时	占整个费用成本的比重较大，后期的改造费用也很多
修理费	0.02元/千瓦时	设备检修、维护及设备运行发电等，通过合理有效控制可压缩的弹性较大
其他费用	0.05元/千瓦时	包括办公费、水电费、租赁费等，其中可控费用还有部分压缩空间

目前在机械化打捆收集设备保有量依然较少的情况下，田间收集主要依靠人力，人均每天的收集量约0.5吨秸秆，以现有工资水平为依据，人工费暂取为每天100元，那么秸秆的收集费用为200元/吨，该项费用中，与其直接交易的收购站需要支付绝对的费用，取为180元/吨，另外的差额就要依靠政府的补助，周边1100户左右的农户在进行秸秆收集之前需要购置简易运输工具，由于运距较短，故燃料费用忽略不计。

政府与村委会的委托代理行为有利于保证秸秆原料的长期稳定供应，减少了秸秆原料的掺杂、掺水等质量问题，有利于供应链的有效运行。政府与村委会的合同价，即补助为10元/吨。

5.2 模型仿真

本文建立各成员之间的关系模型，通过运用 VENSIM 软件验证模型关系，对所建模型进行仿真，仿真时间为 20 年，时间步长为 1 年，模型通过 model check 和 unite check 检验，仿真结果如图 5-1 所示，由于纵轴量级的差别而导致曲线 3 和曲线 4 变化甚微，在此继而采取了对各个成员进行分别模拟运行的方式，仿真结果如图 5-2 与表 5-2 所示。

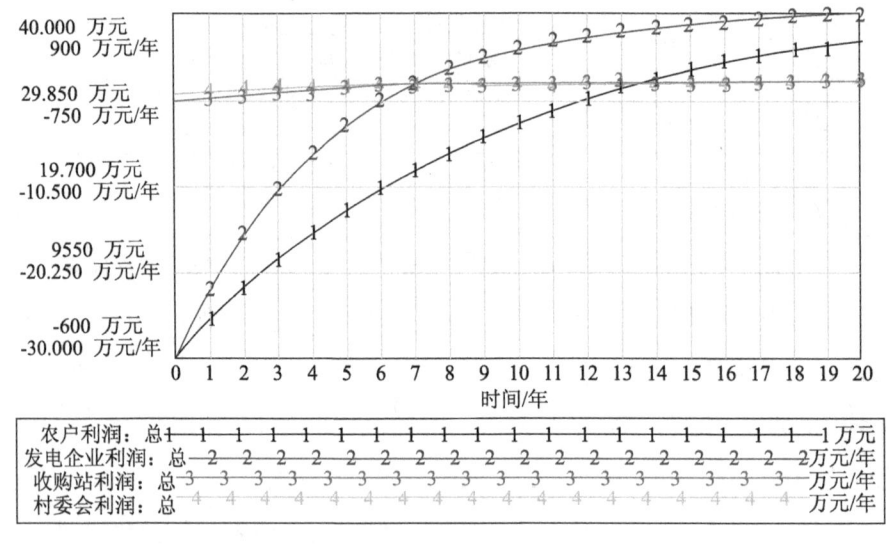

图 5-1 秸秆燃料系统各成员利润

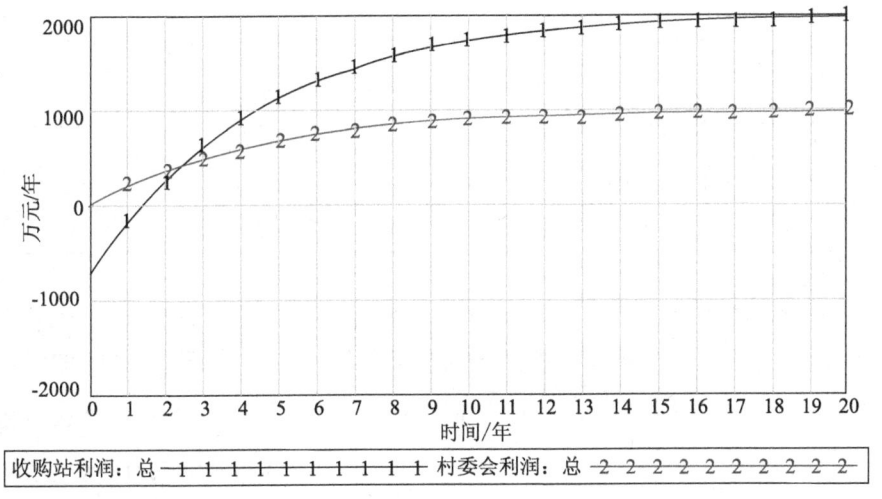

图 5-2 收购站与村委会利润图

表 5-2 各成员动态利润 单位：万元

TIME（年）	农户利润	发电企业利润	收购站利润	村委会利润
0	-550	-30000	-732	0
1	3505	-22112	-185.6	200
2	7154.5	-15801.6	251.52	360
3	10439	-10753.3	601.216	488
4	13395.1	-6714.62	880.973	590.4
5	16055.6	-3483.7	1104.78	672.32
6	18450.1	-898.958	1283.82	737.856
7	20605.1	1168.83	1427.06	790.285
8	22544.6	2823.07	1541.65	832.228
9	24290.1	4146.45	1633.32	865.782
10	25861.1	5205.16	1706.65	892.626
11	27275	6052.13	1765.32	914.101
12	28547.5	6729.7	1812.26	931.281
13	29692.7	7271.76	1849.81	945.024
14	30723.5	7705.41	1879.85	956.02
15	31651.1	8052.33	1903.88	964.816
16	32486	8329.86	1923.1	971.853

续表

TIME（年）	农户利润	发电企业利润	收购站利润	村委会利润
17	33237.4	8551.89	1938.48	977.482
18	33913.7	8729.51	1950.78	981.986
19	34522.3	8871.61	1960.63	985.589
20	35070.1	8985.29	1968.5	988.471

模型简化后运行结果显示，系统中各成员效益趋于稳态的时间点不同，比如系统中的收购站，根据运行数据表5-2显示其第6~9年的同比增长率分别为16.21%、11.16%、8.93%、7.14%，利润增长逐渐放缓从而达到相对稳定状态，发电企业第7年开始盈利后渐趋稳态，而这也系统能够达到的均衡状态。图5-1显示的运行稳定状态，一方面是初始投资过大并且农民对于出售秸秆的积极性不高而更大程度地需要依赖于政府的补助政策；另一方面，由于后续的持续技术输入从而降低各类中间成本后使利润增加。当然，技术成本有一个极限值，从而使成本不可能一直走低，但是随着发电量的不断增大，即秸秆的消耗量的随之增大，一方面改善农村地区现有的秸秆焚烧情况迫在眉睫，电能替代效应会不断强化，另一方面也会促进成本的降低。从图中曲线1可以看出农民收入逐步接近4亿元的水平，虽然辐射人口基数以及能源资源密度会有差异，但模拟结果基本与为农村地区4000万元/年的收入相吻合。

由图5-1及图5-2运行结果可以看出，发电企业到第7年才能实现盈利，之后盈利持续走高的部分原因是政府的持续性补助起到了良好的促进作用，可见对于这样一个具有环保性质的企业来说，政府应该在前期加大补助力度以促进企业提升自身的科学技术水平，来提高资本运营与企业管理水平，并逐步实现盈利，进而可以实现补助额度的减少或者甚至取消。考虑到各成员的初始投资及效益不同，政府补助在不同时间节点采取不同程度的补助措施，指导思想主要为前期政策资金补助的优化完善，后期政策宣传激励的推动。当整个系统的运营状态渐趋稳定，能够按照市场化的规则来运作，各参与者协同关系更趋密切，经济成员的组织行为也实现了规范化，然后系统状态由发电企业、收购站、农户和村委会四个经济主体的规范化行为和协调配合所决定，这就证明所建立的秸秆燃料系统商业模式具有可行性且其系统稳态可以长期存在。

5.3 模型动态分析

从实际意义角度讲，系统中的变量对系统结构与状态的影响性程度不同，有些便是包含于主回路中的主要变量。若这类变量处于主回路中并起到连接两种极性回路的作用，那么这些关键变量的微小变化将导致系统结构与行为的巨大变化或者改变主回路极性。系统各成员决策的经济性已经在上文构建的模型模拟后予以证实，那么需要进一步探讨的问题是哪些变量的改变将影响整个系统的重大变化。根据模型的仿真分析可知，政府补助和各成员的再投资两个变量对系统的影响程度比其他变量要显著得多。所以经过综合考虑，本文就将这两个关键性变量定为供应链系统的敏感性因素。再投资系数对于生物质发电行业的演进有着重要影响，其反映着生物质发电供应链中各主体对于行业发展的积极性态度。本文对再投资系数定义为：各主体在下一年度的预期投资金额与上一年度通过生物质发电所获利润的比值。其数学表达式如下：在投资系数＝各主体意愿投资金额/所获利润额。政府补助对于生物质发电行业以及燃料供应链的建立和运营起着至关重要的引导作用。在系统建立初期，需要政府为各主体成员对于行业发展建立信心，尤其是初始投资巨大的发电企业，更是需要政府通过经济补助等方式引导。同样的，政府补助对于其他主体成员在运营过程中也扮演着非常重要的角色。由于各主体数量级的差别较大，本文参照上述仿真模拟结果，采用的方法是避开对于变量的直接动态分析，模型进一步将各主体成员作为研究对象进行动态分析。在其他变量不变的情况下，模拟考察政府补助以及再投资系数的变化对于系统中影响较大成员的作用效果，结果如下。

5.3.1 村委会的动态分析

由于村委会非盈利性以及社会效益最大化的属性，政府或者发电企业主要是以委托代理的方式引导村委会在组织农户进行秸秆收集以及监督燃料质量中的领导作用，而村委会的再投资则主要用于优化改善组织管理，农户燃料收集水平，同时作为服务于农民的组织，更大程度则致力于改善农村的村容村貌、道路交通、文体设施以及服务质量等。

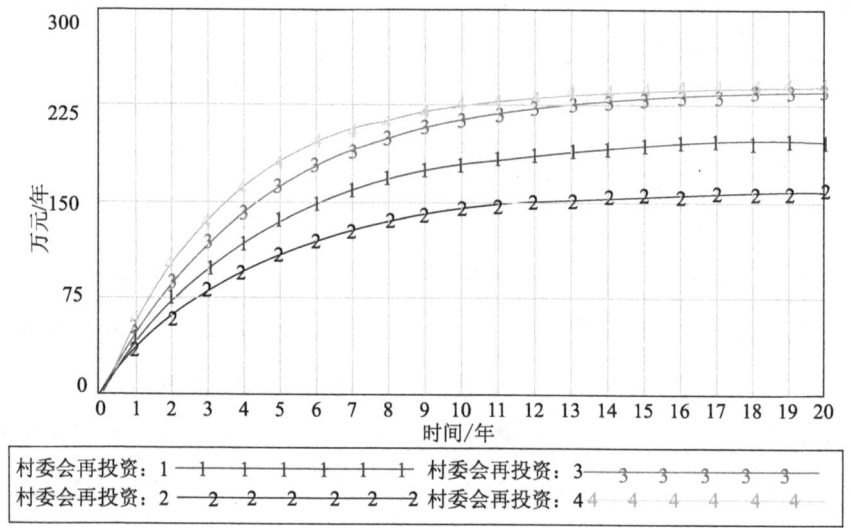

图 5-3　村委会再投资系数变化

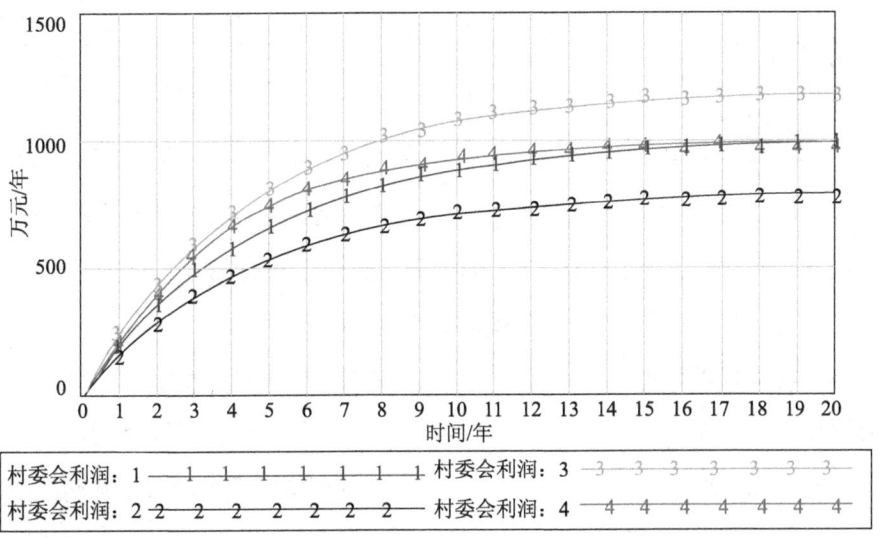

图 5-4 政府补助及再投资对于村委会的影响

表 5-3 村委会动态利润 单位：万元

TIME（年）	线1	线2	线3	线4
0	0	0	0	0
1	200	160	240	240
2	360	288	432	422.4
3	488	390.4	585.6	561.024
4	590.4	472.32	708.48	666.378
5	672.32	537.856	806.784	746.447
6	737.856	590.285	885.427	807.3
7	790.285	632.228	948.342	853.548
8	832.228	665.782	998.673	888.697
9	865.782	692.626	1038.94	915.409
10	892.626	714.101	1071.15	935.711
11	914.101	731.281	1096.72	951.14
12	931.281	745.024	1117.54	962.867
13	945.024	756.01	1134.03	971.779
14	956.02	764.816	1147.22	978.552
15	964.816	771.853	1157.78	983.699
16	971.853	777.482	1166.22	987.612
17	977.482	781.986	1172.98	990.585
18	981.986	785.589	1178.38	992.844

续表

TIME（年）	线1	线2	线3	线4
19	985.589	788.471	1182.71	994.562
20	988.471	790.777	1186.16	995.867

对比结果显示，图5-3与图5-4表明了政府委托代理费以及村委会投资系数变化的影响，图5-3中曲线2与曲线3分别表示当再投资不变的情况下委托代理费降低20%与提高20%，曲线4表示代理费提高20%并且再投资系数提高20%，对应于图5-4中的利润曲线走势图，而表5-3数据显示，村委会作为非营利性组织，可以采取方式2，即在其已获较大利润的情况下，进一步缩减代理费用以合理分配供应链上的有限利润。

5.3.2 收购站的动态分析

收购站作为燃料中转环节，在本文提出去中介化的背景下，其作用更显关键。首先，其承揽了本属于中介的沟通农户责任；其次，通过村委会组织做到供应链更合理的任务分配；再次，对燃料进行简单存储，并与发电企业进行交易与合作。

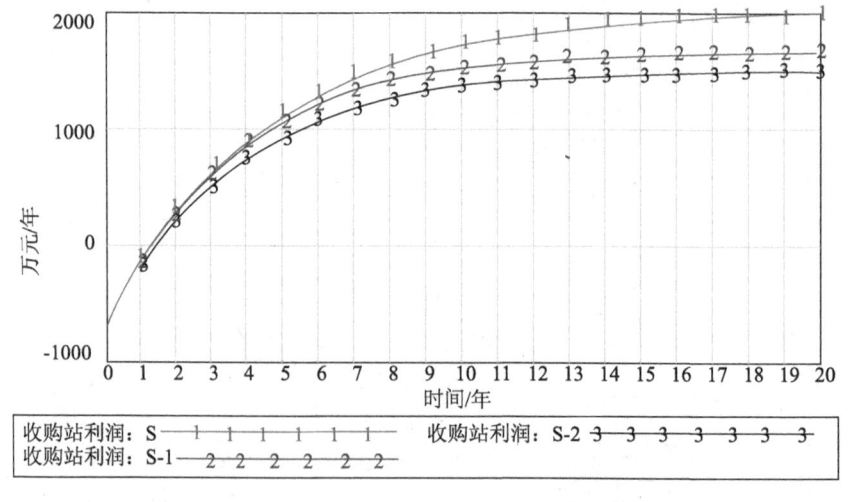

图5-5 政府补助及再投资对于收购站的影响

表 5-4 收购站动态利润   单位：万元

TIME（年）	S	S-1	S-2
0	-732	-732	-732
1	-185.6	-156.32	-196.32
2	251.52	281.197	210.797
3	601.216	613.71	520.206
4	880.973	866.419	755.356
5	1104.78	1058.48	934.071
6	1283.82	1204.44	1069.89
7	1427.06	1315.38	1172.12
8	1541.65	1399.69	1251.57
9	1633.32	1463.76	1311.19
10	1706.65	1512.46	1356.51
11	1765.32	1549.47	1390.95
12	1812.26	1577.6	1417.12
13	1849.81	1598.97	1437.01
14	1879.85	1615.22	1452.13
15	1903.88	1627.57	1463.62
16	1923.13	1636.95	1472.35
17	1938.48	1644.08	1478.99
18	1950.78	1649.54	1484.03
19	1960.63	1653.62	1487.86
20	1968.52	1656.75	1490.78

图 5-5 对于收购站的分析中曲线 2 表示投资系数提高 20%，曲线 3 表示投资系数提高 20% 的同时政府补助下降 20% 的利润变化趋势，而由表 5-4 具体数值显示，政府补助在收购站运营后期扮演着至关重要的角色，但由于收购站投资的一次性，对于初始投资相对较少的收购站，表明政府只需在前期给予适当的补助促使收购站良好运转后即可改变已有的补贴措施或者取消补贴。

5.3.3 发电企业的动态分析

发电企业作为行业的核心,又表现出不同于供应链其他组成的特征。首先,其并不处于强势地位,由于燃料供应受制于分散的农户,因而表现出契约的约束性非常脆弱,通过引入村委会将使情况大为改观;其次,建设投资性大,燃料成本高致使利润有限甚至处于亏损状态,那么政府补助在前期建设以及后期运营具有重要引导作用。

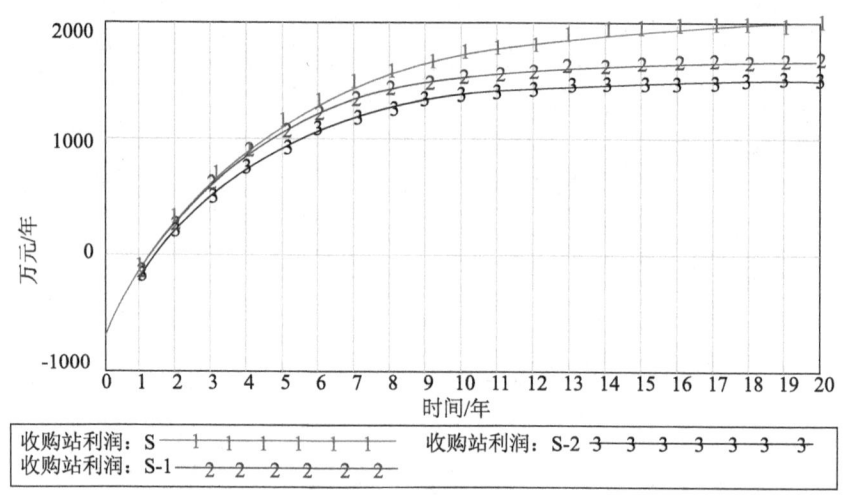

图 5-6 政府补助及再投资对于发电企业的影响

表 5-5 发电企业动态利润　　　　　单位:万元

TIME（年）	Q	Q-1	Q-2
0	-30000	-30000	-30000
1	-22112	-19112	-20512
2	-15801.6	-11490.4	-12921.6
3	-10753.3	-6155.28	-6849.28
4	-6714.62	-2420.7	-1991.42
5	-3483.7	193.513	1894.86
6	-898.958	2023.46	5003.89
7	1168.83	3304.42	7491.11

续表

TIME（年）	Q	Q-1	Q-2
8	2823.07	4201.09	9480.89
9	4146.45	4828.77	11072.7
10	5205.16	5268.14	12346.2
11	6052.13	5575.7	13364.9
12	6729.7	5790.99	14179.9
13	7271.76	5941.69	14832
14	7705.41	6047.18	15353.6
15	8052.33	6121.03	15770.9
16	8329.86	6172.72	16104.7
17	8551.89	6208.9	16371.7
18	8729.51	6234.23	16585.4
19	8871.61	6251.96	16756.3
20	8985.29	6264.37	16893.1

图 5-6 发电企业的影响中，曲线 2 表示投资系数提高 20% 的趋势图，表明投资系数的扩大对于盈利效率在第 1~4 年有很大促进作用，然而发电成本不可能随着研发投入一直降低，有成本最小值的束缚，从而继续加大再投资会降低总体的利润水平，曲线 3 表明政府补贴由 0.25 元/千瓦时提高到 0.35 元/千瓦时后的利润走势，表 5-5 利润表显示变量改变后将会使企业盈利时间提前并且大大提高总体的利润水平，如图所示第 5 年开始盈利，因此政府应在不同时间节点采取不同的补助措施，在前几年扩大对于企业的补助力度，第 4~9 年逐步降低，而后期的利润过大可考虑取消经济性补贴措施，转而进行政策宣传激励，而企业也应该根据生物质发电行业运行成本的极限值采取后期再投资的视角转换。

通过敏感性分析，再投资系数是一个关键变量，而其他变量对其形成制约作用，并且由于它是主观的意愿投入，该变量的取值很大程度上取决于各成员风险偏好，因此，管理者对行业社会贡献率的认知程度是系统有效推广的微观基础。

5.4 本章小结

本章首先对于前文已建立的模型和方程进行了案例选取以及赋值，运用计算机模拟软件 Vensim 进行了仿真模拟，验证了所构建的生物质发电燃料供应链系统在经济上的可行性，对于各主体的运营状况给出了具体的数据化的表达，为有关的经济主体的参与提供了决策依据。然而根据模拟结果来看，在赋初值的情况下系统各成员的进化存在其不合理性。根据系统动力学的特性，改变某些因素将会导致系统结构与行为的巨大变化，而这些称为关键变量的因素正是导致系统进化不合理性的关键所在。因此，在对各主体成员分析的基础上，本章进一步对影响其进化的关键变量做了动态分析，而动态分析的结果可为系统各成员以及相关主体提供更为精确的决策依据，这些关键变量正是政策制定的作用点。

第6章
生物质发电燃料模糊供应模型

6.1 理论基础

6.1.1 模糊数学理论

模糊数学又称 Fuzzy 数学，它是由查德教授于 1965 年在论文《Fuzzy sets》中率先提出的，它是对普通数学集合理论的拓展。普通集合理论针对的元素与集合之间的确切关系，元素与集合之间关系是属于与不属于，不存在第三种情况。而在现实生活中，很多事情、现象是不确定或者不精确的，无法用普通集合理论进行描述，而模糊数学理论是精确地分析、研究和处理这种不确定现象的有效理论和方法。模糊集合的定义为：设 A 是论域 X 到闭区间 [0，1] 的一个映射，即 A：X→ [0，1]，则称 A 是论域 X 上的一个模糊集合。

四十多年来，国内外学者在模糊数学领域做了大量卓有成效的工作，对模糊理论的研究不断深入，到目前为止，模糊理论不断发展，不断完善，已经形成一门独立的学科，并且很多研究成果被应用到现实生活中，其在人工智能、医学诊断和气象预测等领域应用广泛，产生了巨大的经济和社会效益。模糊数学的研究内容主要有以下三个方面：

（1）模糊模式识别。模式识别是人工智能的重要组成部分，在现代自动控制方面发挥重要的作用，模式识别就是将我们要识别的对象和目前我们已知的模式进行对比，从而确定我们要识别的对象属于哪一种模式或者与哪一种模式类似。然而在很多情况下，我们所要识别的模式与我们已知的模式并不是完全相同的，甚至是有差别的。普通的模式识别无法发挥作用。模式识别系统主要由传感器部分、预处理部分、特征提取部分和识别判断部分组成。模糊模式识别主要是在特征提取部分和识别判断部分发挥作用，模糊模式识别主要是用模糊集合表示已知对象的标准模式，对所识别对象提取主要特征部分，并用模糊集合进行表示，进而度量模糊集合之间的相似性，按照模糊模式识别的原则进行判断。

（2）模糊综合评价。模糊综合评价分为一级模糊综合评价和多级模糊综合评价，是以模糊数学为基础，通过建立相应的隶属函数，对模糊集合进行变换、运算，来对对象进行评价的定量方法。综合评价的过程为：确定评价对象的评价指标，通过查找文献、专家调查问卷等方法，构建完善的指标体系；建立评语集，对每一个指标建立合适的评语集合；通过调查、实验或者专家打分法进行单因素评判；确定权重；进行综合评价。模糊综合评价简单易学，但却能很好地处理多因素的复杂问题，在现实中具有广阔的应用前景。

（3）模糊推理和模糊控制。在人的思维中，有很多不确定或者不精确的语言和推理，人们可以正常地处理这些信息，计算机如何模拟人脑来正确处理这些信息则是现在自动控制和人工智能领域研究的重点。模糊控制可以将人的经验作为集合，建立计算机能实现的控制策略，主要过程如下：①将传感器收到的信息进行模糊化处理，并确定相应的隶属度函数；②根据人的生活经验或专家建议，建立模糊规则库；③通过模糊推理，确定推理结果；④将模糊推理的结果转换成输出变量，对对象进行控制。

6.1.2 三角模糊数

三角模糊数是模糊数学中的一个重要概念,应用广泛。如图 6-1 所示,三角模糊数主要指存在上下界及最可能值的模糊变量。

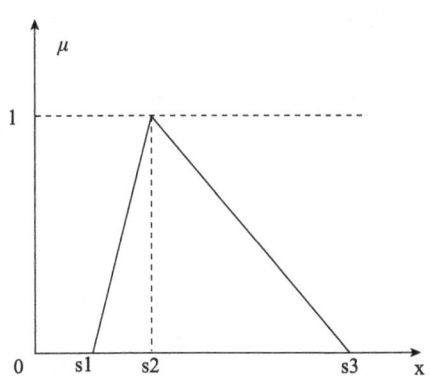

图 6-1 三角模糊数隶属度

在本章中,我们研究生物质发电燃料的三级供应链,农户作为上游供给者,决定秸秆供给数量,中间商或农村正式组织一方面从农户处收集秸秆,另一方面将处理的秸秆出售给电厂,电厂根据价格数量契约收购中间商或农村正式组织的秸秆。农户在充分考虑秸秆价格、政府政策、劳动力、其他农户行为等因素基础上,可能提供的秸秆数量设为三角模糊变量 $\tilde{S} = (s_1, s_2, s_3)$,其中 $s_1 < s_2 < s_3$,s_2 为三角模糊数的中心点,即农户的秸秆供给量大约为 s_2,s_1 为最小供给数量,s_3 为最大供给数量,s_1, s_2, s_3 的具体取值通过实地调研获取数据来估计。$\tilde{S}$ 的隶属度函数为

$$\mu_{\tilde{S}(x)} = \begin{cases} \dfrac{x - s_1}{s_2 - s_1}, x \in [s_1, s_2] \\ \dfrac{s_3 - x}{s_3 - s_2}, x \in (s_2, s_3] \\ 0, x \notin [s_1, s_3] \end{cases} \quad (6-1)$$

对秸秆的模糊供给 $\tilde{S}$ 取 λ 截集,$\tilde{S}_\lambda$ 可以表示为 $\tilde{S}_\lambda = [\tilde{S}^L_\lambda, \tilde{S}^R_\lambda]$,其中 $\tilde{S}^L_\lambda, \tilde{S}^R_\lambda$ 为 $\tilde{S}_\lambda$ 的左、右边界,进而可以表示出农户的期望模糊供给数量。

$$\tilde{S}^L_\lambda = \inf\{x \in R : \mu_{\tilde{S}(x)} \geq \lambda\} = L^{-1}(\lambda) = s_1 + (s_2 - s_1)\lambda \quad (6-2)$$

$$\tilde{S}^R_\lambda = \sup\{x \in R : \mu_{\tilde{S}(x)} \geq \lambda\} = R^{-1}(\lambda) = s_3 - (s_3 - s_2)\lambda \quad (6-3)$$

$$E(\tilde{S}) = \frac{1}{2}\int_0^1 [L^{-1}(\lambda) + R^{-1}(\lambda)]d\lambda \quad (6-4)$$

6.2 农户—中间商—电厂模式下的模糊供给模型

6.2.1 分散决策下供应链协调

在农户—中间商—电厂这种供应链模式下,电厂通过计算秸秆的热值单价,核算成本,结合当地秸秆市场的供求情况,为中间商提供价格数量契约,保证中间商可以契约的价格供给一定数量的秸秆,设契约数量为 q,中间商根据这个价格数量契约向农户提供秸秆收集价格,则农户、中间商、电厂以及整个供应链的利润分别为

$$\widetilde{\Pi}_f = p_1 * \min\{q, \tilde{S}\} - c_{fv} * \tilde{S} - c_{ff} * q \quad (6-5)$$

$$\widetilde{\Pi}_a = p_2 * \min\{q, \tilde{S}\} - (c_{av} + p_1) * \min\{q, \tilde{S}\} - c_{af} * q \quad (6-6)$$

$$\widetilde{\Pi}_e = p_3 * \min\{q, \tilde{S}\} - (c_{ev} + p_2) * \min\{q, \tilde{S}\} - c_{ef} * q \quad (6-7)$$

$$\widetilde{\Pi} = \widetilde{\Pi}_f + \widetilde{\Pi}_a + \widetilde{\Pi}_e \quad (6-8)$$

其中：c_{fv} 为农户的可变成本，包括收集、储存成本和土地补偿成本，p_1 为中间商给农户提供的秸秆收集价格，c_{ff} 表示为完成契约数量而雇佣的人力成本和农户的固定成本，即机器设备的初始资金投入；c_{av} 为中间商的可变成本，包括收集、预处理、运输和储存成本，c_{af} 为中间商的固定资产投入，p_2 为电厂给中间商提供的秸秆价格；c_{ev} 为电厂的可变成本，即处理和储存成本，c_{ef} 为除发电设备外的固定资产投入，专指为收集、储存燃料投入的固定成本，p_3 为电厂在当前发电小时数下的盈亏平衡燃料价格。

根据秸秆的模糊供给 $\tilde{S}$ 与契约供给数量 q 之间的关系，下面分两种情况：

情形1：当 $q \in [s_1, s_2]$ 时，$\min\{q, \tilde{S}\}$ 的 λ 截集为

$$(\min\{q, \tilde{S}\})_\lambda = \begin{cases} [L^{-1}(\lambda), q], \lambda \in [0, L(q)] \\ [q, q], \lambda \in (L(q), 1] \end{cases} \quad (6-9)$$

此时，农户的模糊期望利润为

$$E[\tilde{\Pi}_f] = p_1 * E[\min\{q, \tilde{S}\}] - c_{fv} * E[\tilde{S}] - c_{ff} * q$$

$$= p_1 * \left[\frac{1}{2} \int_0^{L(q)} [L^{-1}(\lambda) + q] d\lambda + \frac{1}{2} \int_{L(q)}^1 [q + q] d\lambda \right] - c_{fv} *$$

$$\left[\frac{1}{2} \int_0^1 [L^{-1}(\lambda) + R^{-1}(\lambda)] d\lambda \right] - c_{ff} * q \quad (6-10)$$

农户的模糊期望利润对 q 求二阶导数为 $\dfrac{d^2 E[\tilde{\Pi}_f]}{dq^2} = -\dfrac{1}{2} p_1 L'(q) < 0$，因此，当 $q \in [s_1, s_2]$ 时，$E[\tilde{\Pi}_f]$ 是关于 q 的凹函数。

情形2：当 $q \in (s_2, s_3]$ 时，$\min\{q, \tilde{S}\}$ 的 λ 截集为

$$(\min\{q, \tilde{S}\})_\lambda = \begin{cases} [L^{-1}(\lambda), q], \lambda \in [0, R(q)] \\ [L^{-1}(\lambda), R^{-1}(\lambda)], \lambda \in (R(q), 1] \end{cases} \quad (6-11)$$

此时，农户的模糊期望利润为

$$E[\tilde{\Pi}_f] = p_1 * E[\min\{q, \tilde{S}\}] - c_{fv} * E[\tilde{S}] - c_{ff} * q$$

$$= p_1 * \left[\frac{1}{2} \int_0^{R(q)} [L^{-1}(\lambda) + q] d\lambda + \frac{1}{2} \int_{R(q)}^1 [L^{-1}(\lambda) + R^{-1}(\lambda)] d\lambda \right]$$

$$- c_{fv} * \left[\frac{1}{2} \int_0^1 [L^{-1}(\lambda) + R^{-1}(\lambda)] d\lambda \right] - c_{ff} * q \quad (6-12)$$

农户的模糊期望利润对 q 求二阶导数为: $\frac{d^2 E[\widetilde{\Pi}_f]}{dq^2} = \frac{1}{2} p_1 R'(q) < 0$, 因此, 当 $q \in (s_2, s_3]$ 时, $E[\widetilde{\Pi}_f]$ 是关于 q 的凹函数。

综上, 农户的模糊利润为凹函数。根据中间商给农户提供的收集价格, 农户的最优契约数量为

$$q_f^* = \begin{cases} L^{-1}\left[\dfrac{2(p_1 - c_{ff})}{p_1}\right], q \in [s_1, s_2] \\ R^{-1}\left(\dfrac{2 c_{ff}}{p_1}\right), q \in (s_2, s_3] \end{cases} \quad (6-13)$$

由式 (6-13) 可以看出, 农户的最优契约数量主要取决于两个因素, 即中间商提供的收购价格和前期固定资本投入。前期固定资本投入是指农户为收集秸秆而购买的收割、打包及运输等设备, 过高的成本意味着进入门槛高, 农户风险大; 而中间商提供的收购价格直接影响了农户收回投资成本, 取得收益, 是农户供给秸秆的主要影响因素。

中间商服从理性经济人假定, 追求利益最大化, 同理可计算中间商的模糊期望利润, 如式 (6-14) 所示, 其对 q 的二阶导数均小于零, 为凹函数, 中间商的最优契约数量如式 (6-15) 所示:

$$E[\widetilde{\Pi}_a] = \begin{cases} (p_2 - c_{av} - p_1) * \left[\dfrac{1}{2} \int_0^{L(q)} [L^{-1}(\lambda) + q] d\lambda \right. \\ \left. + \dfrac{1}{2} \int_{L(q)}^1 [q + q] d\lambda \right] - c_{af} * q, q \in [s_1, s_2] \\ (p_2 - c_{av} - p_1) * \left[\dfrac{1}{2} \int_0^{R(q)} [L^{-1}(\lambda) + q] d\lambda \right. \\ \left. + \dfrac{1}{2} \int_{R(q)}^1 [L^{-1}(\lambda) + R^{-1}(\lambda)] d\lambda \right] - c_{af} * q, q \in (s_2, s_3] \end{cases}$$

$$(6-14)$$

$$q_a^* = \begin{cases} L^{-1}\left[\dfrac{2(p_2 - c_{av} - p_1 - c_{af})}{p_2 - c_{av} - p_1}\right], q \in [s_1, s_2] \\ R^{-1}\left(\dfrac{2c_{af}}{p_2 - c_{av} - p_1}\right), q \in (s_2, s_3] \end{cases} \quad (6-15)$$

由式（6-15）可以看出，中间商的最优契约数量主要取决于电厂的收购价格、中间商的收购价格、中间商的前期固定资本投入及中间商的变动成本。电厂的收购价格、中间商的收购价格及变动成本决定了中间商收购秸秆的单位收益，前期固定资本投入是中间商进入成本，很大程度上影响了中间商的参与热情。

生物质电厂作为企业个体，经营过程自负盈亏，计算电厂的模糊期望利润，用式（6-16）表示，其对 q 的二阶导数均小于零，为凹函数，生物质电厂的最优契约数量如式（6-17）所示：

$$E[\widetilde{\Pi}_e] = \begin{cases} (p_3 - c_{ev} - p_2) * \left[\dfrac{1}{2}\int_0^{L(q)}[L^{-1}(\lambda) + q]d\lambda \right. \\ \left. + \dfrac{1}{2}\int_{L(q)}^1 [q + q]d\lambda\right] - c_{ef} * q, q \in [s_1, s_2] \\ (p_3 - c_{ev} - p_2) * \left[\dfrac{1}{2}\int_0^{R(q)}[L^{-1}(\lambda) + q]d\lambda \right. \\ \left. + \dfrac{1}{2}\int_{R(q)}^1 [L^{-1}(\lambda) + R^{-1}(\lambda)]d\lambda\right] - c_{ef} * q, q \in (s_2, s_3] \end{cases}$$

$$(6-16)$$

$$q_e^* = \begin{cases} L^{-1}\left[\dfrac{2(p_3 - c_{ev} - p_2 - c_{ef})}{p_3 - c_{ev} - p_2}\right], q \in [s_1, s_2] \\ R^{-1}\left(\dfrac{2c_{ef}}{p_3 - c_{ev} - p_2}\right), q \in (s_2, s_3] \end{cases} \quad (6-17)$$

由式（6-17）可以看出，电厂的最优契约数量主要取决于电厂的发电收益、电厂的秸秆收购价格、电厂的前期固定资本投入及电厂运营的变动成本。电厂的发电收益、电厂的秸秆收购价格及电厂运营的变动成本决定了电厂的单位收益,前期固定资本投入对电厂运营有一定的资金压力。

在农户—中间商—电厂这种供应链模式下,农户作为供给数量决定者,直接影响自身、中间商和电厂的利润收益,因此,在农户最优决策条件下,农户、中间商和电厂的模糊利润分别为

$$E[\widetilde{\Pi}_f]^* = \begin{cases} \frac{1}{2}p_1 * \int_0^{\frac{2(p_1-c_{ff})}{p_1}} L^{-1}(\lambda)d\lambda - c_{fv} * \left[\frac{1}{2}\int_0^1 [L^{-1}(\lambda) + R^{-1}(\lambda)]d\lambda\right], \\ \qquad q \in [s_1, s_2] \\ \frac{1}{2}p_1 * \int_0^1 L^{-1}(\lambda)d\lambda + \frac{1}{2}p_1 * \int_{\frac{2c_{ff}}{p_1}}^1 R^{-1}(\lambda)d\lambda - c_{fv} \\ \qquad * \left[\frac{1}{2}\int_0^1 [L^{-1}(\lambda) + R^{-1}(\lambda)]d\lambda\right], q \in (s_2, s_3] \end{cases}$$

(6-18)

$$E[\widetilde{\Pi}_a]^* = \begin{cases} (p_2 - c_{av} - p_1) * \left\{\frac{1}{2}\int_0^{\frac{2(p_1-c_{ff})}{p_1}} L^{-1}(\lambda)d\lambda + L^{-1}\left[\frac{2(p_1-c_{ff})}{p_1}\right] - \frac{1}{2}L^{-1} \right. \\ \qquad \left. \left[\frac{2(p_1-c_{ff})}{p_1}\right] * \frac{2(p_1-c_{ff})}{p_1}\right\} - c_{af} * L^{-1}\left[\frac{2(p_1-c_{ff})}{p_1}\right], \\ \qquad q \in [s_1, s_2] \\ (p_2 - c_{av} - p_1) * \left\{\frac{1}{2}\int_0^1 L^{-1}(\lambda)d\lambda + \frac{1}{2}\int_{\frac{2c_{ff}}{p_1}}^1 R^{-1}(\lambda)d\lambda + \frac{1}{2}R^{-1} \right. \\ \qquad \left. \left(\frac{2c_{ff}}{p_1}\right) * \frac{2c_{ff}}{p_1}\right\} - c_{af} * R^{-1}\left(\frac{2c_{ff}}{p_1}\right), q \in (s_2, s_3] \end{cases}$$

(6-19)

$$E[\widetilde{\Pi}_e]^* = \begin{cases} (p_3 - c_{ev} - p_2) * \left\{ \frac{1}{2} \int_0^{\frac{2(p_1-c_{ff})}{p_1}} L^{-1}(\lambda) d\lambda + L^{-1}\left[\frac{2(p_1-c_{ff})}{p_1}\right] - \frac{1}{2} L^{-1} \right. \\ \left. \left[\frac{2(p_1-c_{ff})}{p_1}\right] * \frac{2(p_1-c_{ff})}{p_1} \right\} - c_{ef} * L^{-1}\left[\frac{2(p_1-c_{ff})}{p_1}\right], q \in [s_1, s_2] \\ (p_3 - c_{ev} - p_2) * \left\{ \frac{1}{2} \int_0^1 L^{-1}(\lambda) d\lambda + \frac{1}{2} \int_{\frac{2c_{ff}}{p_1}}^1 R^{-1}(\lambda) d\lambda + \frac{1}{2} R^{-1} \right. \\ \left. \left(\frac{2c_{ff}}{p_1}\right) * \frac{2c_{ff}}{p_1} \right\} - c_{ef} * R^{-1}\left(\frac{2c_{ff}}{p_1}\right), q \in (s_2, s_3] \end{cases}$$

(6-20)

6.2.2 集中决策下供应链协调

当整个供应链的农户、中间商和电厂集中进行决策时，整个供应链的利润可以用式（6-21）表示为

$$\widetilde{\Pi} = (p_3 - c_{ev} - c_{av}) * \min\{q, \tilde{S}\} - (c_{ef} + c_{af} + c_{ff}) * q - c_{fv} * \tilde{S}$$

(6-21)

根据秸秆的模糊供给 $\tilde{S}$ 与契约供给数量 q 之间的关系，下面分两种情况：

情形1：当 $q \in [s_1, s_2]$ 时，$\min\{q, \tilde{S}\}$ 的 λ 截集为

$$(\min\{q, \tilde{S}\})_\lambda = \begin{cases} [L^{-1}(\lambda), q], \lambda \in [0, L(q)] \\ [q, q], \lambda \in (L(q), 1] \end{cases}$$

(6-22)

此时，整个供应链的模糊期望利润为

$$E[\widetilde{\Pi}] = (p_3 - c_{ev} - c_{av}) * \left[\frac{1}{2}\int_0^{L(q)}[L^{-1}(\lambda) + q]d\lambda + \frac{1}{2}\int_{L(q)}^1 [q+q]d\lambda\right]$$

$$- (c_{ef} + c_{af} + c_{ff}) * q - c_{fv} * \left[\frac{1}{2}\int_0^1 [L^{-1}(\lambda) + R^{-1}(\lambda)]d\lambda\right], q \in [s_1, s_2]$$

(6-23)

农户的模糊期望利润对 q 求二阶导数为 $\frac{d^2 E[\widetilde{\Pi}]}{dq^2} < 0$，因此，当 $q \in$

$[s_1, s_2]$ 时，$E[\widehat{\Pi}_f]$ 是关于 q 的凹函数。

情形 2：当 $q \in (s_2, s_3]$ 时，$\min\{q, \tilde{S}\}$ 的 λ 截集为

$$(\min\{q, \tilde{S}\})_\lambda = \begin{cases} [L^{-1}(\lambda), q], \lambda \in [0, R(q)] \\ [L^{-1}(\lambda), R^{-1}(\lambda)], \lambda \in (R(q), 1] \end{cases} \quad (6-24)$$

此时，农户的模糊期望利润为

$$E[\widehat{\Pi}_f] = (p_3 - c_{ev} - c_{av}) * \left[\frac{1}{2} \int_0^{R(q)} [L^{-1}(\lambda) + q] d\lambda + \frac{1}{2} \int_{R(q)}^1 [L^{-1}(\lambda) + R^{-1}(\lambda)] d\lambda \right]$$
$$- (c_{ef} + c_{af} + c_{ff}) * q - c_{fv} * \left[\frac{1}{2} \int_0^1 [L^{-1}(\lambda) + R^{-1}(\lambda)] d\lambda \right], q \in (s_2, s_3] \quad (6-25)$$

农户的模糊期望利润对 q 求二阶导数为 $\frac{d^2 E[\widehat{\Pi}]}{dq^2} < 0$，因此，当 $q \in (s_2, s_3]$ 时，$E[\widehat{\Pi}_f]$ 是关于 q 的凹函数。

综上，在两种情形中整个供应链的模糊期望利润对 q 的二阶导数均小于零，农户的模糊利润为凹函数。根据中间商给农户提供的收集价格，农户的最优契约数量为式（6-26）：

$$q^* = \begin{cases} L^{-1}\left[\dfrac{2(p_3 - c_{ev} - c_{av} - c_{ef} - c_{af} - c_{ff})}{p_3 - c_{ev} - c_{av}}\right], q \in [s_1, s_2] \\ R^{-1}\left(\dfrac{2c_{ef} + 2c_{af} + 2c_{ff}}{p_3 - c_{ev} - c_{av}}\right), q \in (s_2, s_3] \end{cases} \quad (6-26)$$

整个供应链的模糊期望利润用式（6-27）表示为

$$E[\widehat{\Pi}] = \begin{cases} (p_3 - c_{ev} - c_{av}) * \left[\frac{1}{2} \int_0^{L(q)} [L^{-1}(\lambda) + q] d\lambda + \frac{1}{2} \int_{L(q)}^1 [q + q] d\lambda \right] \\ \quad - (c_{ef} + c_{af} + c_{ff}) * q - c_{fv} * \left[\frac{1}{2} \int_0^1 [L^{-1}(\lambda) + R^{-1}(\lambda)] d\lambda \right], q \in [s_1, s_2] \\ (p_3 - c_{ev} - c_{av}) * \left[\frac{1}{2} \int_0^{R(q)} [L^{-1}(\lambda) + q] d\lambda + \frac{1}{2} \int_{R(q)}^1 [L^{-1}(\lambda) + R^{-1}(\lambda)] d\lambda \right] \\ \quad - (c_{ef} + c_{af} + c_{ff}) * q - c_{fv} * \left[\frac{1}{2} \int_0^1 [L^{-1}(\lambda) + R^{-1}(\lambda)] d\lambda \right], q \in (s_2, s_3] \end{cases}$$

$$(6-27)$$

6.3 农户—农村正式组织—电厂模式下的模糊供给模型

6.3.1 分散决策下供应链协调

在农户—农村正式组织—电厂供应链模式下,农村正式组织取代中间商成为电厂与农户之间的桥梁,农村正式组织的利润函数可以用式(6-28)表示:

$$\widetilde{\Pi}_c = p_2 * \min\{q, \tilde{S}\} - (c_{cv} + p_1) * \min\{q, \tilde{S}\} - c_{cf} * q \quad (6-28)$$

其中:c_{cv}为农村正式组织的可变成本,包括收集、预处理、运输和储存成本,c_{cf}为农村正式组织的固定资产投入。

在这种组织模式下,农户作为农村正式组织的组成部分,农村正式组织在经营过程中所获得的归农户集体所有,所以决定农户秸秆供给数量的不仅是个人所得收入,还有农村正式组织的收入,我们用式(6-29)来表示农户的效用,以此衡量农户供给情况:

$$\tilde{U}_f = \widetilde{\Pi}_f + \alpha \widetilde{\Pi}_c$$

$$= p_1 * \min\{q, \tilde{S}\} - c_{fv} * \tilde{S} - c_{ff} * q + \alpha \begin{bmatrix} p_2 * \min\{q, \tilde{S}\} - (c_{cv} + p_1) \\ * \min\{q, \tilde{S}\} - c_{cf} * q \end{bmatrix}$$

$$= [(1-\alpha) * p_1 + \alpha * p_2 - \alpha * c_{cv}] * \min\{q, \tilde{S}\} - c_{fv} * \tilde{S} - c_{ff} * q - \alpha * c_{cf} * q$$

$$(6-29)$$

其中 $0 < \alpha < 1$。

农户的模糊期望效用为

$$E[\tilde{U}_f] = \begin{cases} [(1-\alpha)*p_1 + \alpha*p_2 - \alpha*c_{cv}]*\left[\frac{1}{2}\int_0^{L(q)}[L^{-1}(\lambda)+q]d\lambda\right. \\ \left.+\frac{1}{2}\int_{L(q)}^1[q+q]d\lambda\right]-c_{fv}*\left[\frac{1}{2}\int_0^1[L^{-1}(\lambda)+R^{-1}(\lambda)]d\lambda\right] \\ -c_{ff}*q - \alpha*c_{cf}*q, q \in [s_1, s_2] \\ [(1-\alpha)*p_1 + \alpha*p_2 - \alpha*c_{cv}]*\left[\frac{1}{2}\int_0^{R(q)}[L^{-1}(\lambda)+q]d\lambda\right. \\ \left.+\frac{1}{2}\int_{R(q)}^1[L^{-1}(\lambda)+R^{-1}(\lambda)]d\lambda\right]-c_{fv}*\left[\frac{1}{2}\int_0^1[L^{-1}(\lambda)+R^{-1}(\lambda)]d\lambda\right] \\ -c_{ff}*q - \alpha*c_{cf}*q, q \in (s_2, s_3] \end{cases}$$

$(6-30)$

农户的模糊期望效用对 q 分别求二阶导数,均小于零,农户的模糊期望效用为凹函数,令其一阶导数等于零,求得该模式下农户的最优契约数量为

$$q_f^{**} = \begin{cases} L^{-1}\left[2 - \dfrac{2(c_{ff}+\alpha*c_{cf})}{(1-\alpha)*p_1 + \alpha*p_2 - \alpha*c_{cv}}\right], q \in [s_1, s_2] \\ R^{-1}\left[\dfrac{2(c_{ff}+\alpha*c_{cf})}{(1-\alpha)*p_1 + \alpha*p_2 - \alpha*c_{cv}}\right], q \in (s_2, s_3] \end{cases}$$

$(6-31)$

6.3.2 集中决策下供应链协调

当整个供应链的农户、中间商和电厂集中进行决策时,整个供应链的利润可以表示为

$$\widetilde{\Pi} = (p_3 - c_{cv} - c_{cv})*\min\{q, \tilde{S}\} - (c_{cf} + c_{cf} + c_{ff})*q - c_{fv}*\tilde{S}$$

$(6-32)$

整个供应链的模糊期望利润为

$$E[\tilde{\Pi}] = \begin{cases} (p_3 - c_{ev} - c_{cv}) * \left[\frac{1}{2}\int_0^{L(q)}[L^{-1}(\lambda) + q]d\lambda + \frac{1}{2}\int_{L(q)}^1[q + q]d\lambda\right] \\ \quad - (c_{ef} + c_{cf} + c_{ff}) * q - c_{fv} * \left[\frac{1}{2}\int_0^1[L^{-1}(\lambda) + R^{-1}(\lambda)]d\lambda\right], q \in [s_1, s_2] \\ (p_3 - c_{ev} - c_{cv}) * \left[\frac{1}{2}\int_0^{R(q)}[L^{-1}(\lambda) + q]d\lambda + \frac{1}{2}\int_{R(q)}^1[L^{-1}(\lambda) + R^{-1}(\lambda)]d\lambda\right] \\ \quad - (c_{ef} + c_{cf} + c_{ff}) * q - c_{fv} * \left[\frac{1}{2}\int_0^1[L^{-1}(\lambda) + R^{-1}(\lambda)]d\lambda\right], q \in (s_2, s_3] \end{cases}$$

(6-33)

在两种情形中整个供应链的模糊期望利润对 q 的二阶导数均小于零，为凹函数，可以求得最优契约数量为

$$q^* = \begin{cases} L^{-1}\left[\dfrac{2(p_3 - c_{ev} - c_{cv} - c_{ef} - c_{cf} - c_{ff})}{p_3 - c_{ev} - c_{cv}}\right], q \in [s_1, s_2] \\ R^{-1}\left(\dfrac{2c_{ef} + 2c_{cf} + 2c_{ff}}{p_3 - c_{ev} - c_{cv}}\right), q \in (s_2, s_3] \end{cases}$$

(6-34)

6.4 案例分析

为了更好地分析上述两种生物质发电供应模式，现以某生物质电厂为例进行实际分析。选取某装机容量为 25 兆瓦、年发电小时数为 6500 小时的生物质电厂作为研究对象，该电厂年消耗秸秆量约为 21 万吨，该地区农户的期望秸秆供给量约为 19 万吨，设模糊供给量 $\tilde{S} = (12, 19, 24)$，电厂收集秸秆的盈亏平衡价格为 285 元/吨，也就是说，当收购价格与最后处理成本高于 285 元/吨时，电厂就会面临亏损，各个变量的单位成本如表 6-1 所示。

表 6-1 生物质发电供应链各变量单位成本

变量	C_{fv}	C_{ff}	C_{av}	C_{af}	C_{ev}	C_{ef}
单位（元/吨）	40	80	40	25	10	12

（1）不同价格水平下，农户、中间商和电厂的最优契约数量研究，以及整个供应链进行集中决策时最优契约数量比较；中间商在不同的期望利润水平下，电厂秸秆燃料收购价格与农户供给情况；电厂给中间商提供一个契约价格，中间商按照期望利润水平，给农户提供一个契约价格，文中考虑10%和20%两种情况，当价格发生变化时，观察农户、中间商及电厂的最优契约数量以及模糊期望利润，如表6-2和表6-3所示。

结合表中数据，当中间商维持10%的利润率时，随着电厂提供给中间商的价格的不断上升，农户的契约数量不断增加，电厂的契约数量则不断减少，中间商则维持在一个比较稳定的水平，在低水平价格下，农户契约数量较少，期望利润较低，农户供给意愿较弱，电厂可能会面临秸秆燃料满足不了需求的情况；在高水平价格下，农户供给数量相对增加，略高于模糊供给数量的期望值，而此时，电厂利润随着价格升高急速下降，电厂契约数量不断减小。同时，可以从表中看出，秸秆燃料收购价格变化对农户整体利润水平影响较大，但其对农户秸秆供给数量影响作用较小。

结合表6-2和表6-3中的数据，随着中间商利润的扩大，其期望的契约数量不断增加，而农户供给数量快速下降，电厂也期望减少秸秆收购，整个供应链趋向恶化。

在这种模式下，农户、中间商和电厂的集中决策，得出的最优决策数量可以使供应链得到协调，并且优于分散决策，集中决策过程的利润分配则需要继续研究。

表 6-2　契约价格与最优契约数量关系表（中间商期望利润 10%）

p_2	p_1	q_f^*	q_a^*	q_e^*	$E[\widetilde{\Pi}_f]^*$	$E[\widetilde{\Pi}_a]^*$	$E[\widetilde{\Pi}_e]^*$	q^*
210	126	17.10	18.06	22.15	45.26	326.54	906.55	19.02
220	135	17.70	18.22	21.82	233.70	354.07	761.26	19.02
230	144	18.23	18.38	21.33	428.19	381.11	601.50	19.02
240	153	18.69	18.52	20.57	627.65	407.75	429.83	19.02
250	162	19.07	18.67	19.20	828.94	433.41	247.91	19.02
260	171	19.33	18.80	14.80	1026.20	456.93	57.99	19.02

表 6-3　契约价格与最优契约数量关系表（中间商期望利润 20%）

p_2	p_1	q_f^*	q_a^*	q_e^*	$E[\widetilde{\Pi}_f]^*$	$E[\widetilde{\Pi}_a]^*$	$E[\widetilde{\Pi}_e]^*$	q^*
230	127	17.16	20.05	21.33	60.70	657.72	566.21	19.02
235	131	17.44	20.10	21.00	146.51	683.05	488.31	19.02
240	135	17.70	20.15	20.57	233.70	708.15	407.19	19.02
245	139	17.95	20.20	20.00	322.17	733.04	323.14	19.02
250	143	18.19	20.25	19.20	411.78	757.75	236.42	19.02
255	148	18.41	20.30	17.60	502.46	782.29	147.25	19.02
260	152	18.62	20.34	14.80	594.10	806.67	55.85	19.02

（2）在农户—农村正式组织—电厂供应链模式下，秸秆收购价格对农户供给数量的影响。

农户—农村正式组织—电厂供应链模式下，农户的效用不仅取决于农户获得的利润，还取决于农村正式组织获得的利润，即农户对农村正式组织的归属程度，随着 α 的增大，农户效用增加。现假定电厂给中间商的价格约为 240 元时，α = 0.3，通过农村正式组织调整给农户的收购价格，观察农户秸秆的供给数量。通过对比表 6-2 和表 6-4 中数据，即使农村正式组织给农户的收购价格较低时，刚好可以弥补农户的所有成本，农户的契约数量仍然可以保持较高的水平，保证整个供应链良好运行，所以农村正式组织的出现可以很好地促进农户的秸秆供应。

表 6-4 契约价格与最优契约数量关系

p_1	q_f^{**}	q_c^*	q_e^*	$E[\tilde{U}_f]^*$	$E[\tilde{\Pi}_c]^*$
125	21.33	20.67	20.57	475.26	852.00
135	21.38	20.15	20.57	648.44	708.15
145	21.44	19.45	20.57	817.79	548.28
155	21.49	18.22	20.57	984.18	375.48
165	21.54	16.00	20.57	1147.61	190.00

6.5 本章小结

本章以生物质发电供应链为背景，将农户的秸秆供给数量作为模糊变量，在农户—中间商—电厂和农户—农村正式组织—电厂这两种供应模式下建立秸秆燃料供给模型，通过模型推导和算例模型分析了两种模式下供应链三方契约数量及秸秆供给情况。在农户—中间商—电厂模式下，中间商的利润水平很大程度上决定了农户的供给数量和电厂的收购数量，供应链各组成部分的最优契约数量对价格波动相对敏感；中间商和农户之间固定成本不同的分摊情况对双方影响较大，中间商主动承担农户的固定成本，可以很好促进农户秸秆的供给，虽然中间商的利润相对增加，但中间商的契约数量却减少更多，这是由于中间商资金的大量投入增大了中间商的风险；而在农户—农村正式组织—电厂的供应模式下，即使农村正式组织给农户的收购价格较低时，农户的契约数量仍然可以保持较高的水平，体现出农村正式组织对农户收集秸秆有较好的促进作用。在两种模式下，分别进行集中决策与分散决策，两者比较得出，在集中决策中，供应链的契约数量明显优于分散决策，整个供应链更加稳定。

根据以上结论，为了促进生物质发电供应链的协调，提高农户秸秆燃料供给，提出以下建议：①本文中，预期收益和固定投资成本对农户秸秆燃料供给的影响较大，农户—农村正式组织—电厂模式具有较大的可行性，值得推广；②在两种模式下，供应链的集中决策结果优于分散决策结果，恰当的引入收益共享机制和风险补偿机制可以激励中间商积极承担风险，刺激农户供给；③充分发挥政府在生物质发电供应链上的作用，一方面，国家和地方政府出台政策，补贴发电企业的高额发电成本，另一方面，村委会等基层组织应该引导农户合理地处理秸秆。

第7章 生物质发电供应链契约协调研究

生物质发电燃料供应模式决定了供应链各参与方,生物质发电供应链契约则规定了供应链参与各方的职责、权利与义务。制定合适的契约有利于约束供应链各方行为,同时促进整个供应链协调,激励农户做出供给行为,激励中间商或农村正式组织扩大秸秆收取量,维持整个供应链的正常运行。

生物质发电燃料供应链不同于普通商品的供应链,供求关系也与普通供应链相反:电厂作为需求方,每年所需秸秆数量一定,农户作为供给方,其秸秆是农产品的附加物,供给数量不确定,因此模糊供给下的生物质发电燃料供应链契约设计需额外考虑以下因素:

(1) 经济性。生物质发电燃料供应链需求方连接电厂,供给方连接数以百计的中间商、经纪人或数以万计的普通农户,缔结契约的成本要相对较小,电厂的寻租成本也要控制在一定范围内。

(2) 稳定性。物质发电燃料供应链契约的维系应相对稳定,签约双方在一定时期内合作稳定。

(3) 公平性。契约签订的双方权利与义务应相对公平,利润分配合理,风险收益对等。

(4) 促进农户供给。签订生物质发电燃料供应链契约的根本目的就是增加农户供给意愿和供给行为,促进电厂的秸秆收购,保证电厂的正常运行。

考虑以上因素，我们在农户—中间商—电厂和农户—农村正式组织—电厂两种供应模式下，分别研究成本分担契约、收益共享契约和期货契约下农户供给数量和供应量各方收益情况，寻求适合的契约模式。

7.1 理论基础

7.1.1 供应链管理理论

彼得·德鲁克提出"经济链"，为供应链的创立奠定了基础，迈克尔·波特将其发展为"价值链"，并最终在20世纪80年代演变为"供应链"。Jayashankar等学者给出的供应链定义得到了业界的普遍认可，他们认为：供应链是一个独立的或半独立的经济实体所形成的网络体系，这个体系通过经济实体的企业行为，对一个或多个相关的原材料采购、生产、制造和产品销售发挥作用。由此可知，供应链是由原材料供应商、制造商、分销商、零售商、消费者以及仓库、配送网络组成的一个涉及上下游联系的组织网络。

供应链管理是指围绕一个核心企业，通过对信息流、物流和资金流的控制及协调，保证在各个环节及节点能够信息共享，减少库存，以实现规模优化及调度优化。

7.1.2 供应链契约理论

1. 成本分担契约

成本分担契约是建立在供应链交易过程中的，供应链一方可能由于前期投入过高或准进门槛超过其能力而退出或不参加供应链。成本分担契约是指供应链核心企业在前期主动分担供应链下游企业或者弱势企业的成本，激励其参与供应链，弱势企业通过将一部分利润让步来弥补核心企业的成本。

在成本分担契约中，供应链核心企业前期投入过高，投入成本可从销售利润转移或者扩大的生产中弥补，但前期的成本分担意味着风险的增加，会对企业的参与形成更大的压力，影响企业的参与热情。

2. 收益共享契约

收益共享契约就是供应商制定低于其成本的批发价格。此时零售商为了弥补供应商的损失，将自己销售收入按照一定比例（由双方共同商定）返还给供应商，最终确保双方的收益水平高于分散控制状态，达到供应链最优绩效。

供应商生产一种短周期类型的产品，并把这类产品以低于产品单位生产成本 c 的批发价格 w 提供给零售商，以换取零售商 $(1-\varphi)$ 部分的收益。零售商面临着随机市场需求，因为这种类型的产品是短周期的，所以零售商必须决定产品市场价格和订货量以达到收益最大化的目的。

3. 期货期权契约

期货合约指由期货交易所统一制定的、规定在将来某一特定的时间和地点交割一定数量和质量实物商品或金融商品的标准化合约。通常所说的期货就是指期货合约。它是期货交易的对象，期货交易参与者正是通过在期货交易所买卖期货合约，转移价格风险，获取风险收益。期货合约是在现货合同和现货远期合约的基础上发展起来的，但它们最本质的区别在于期货合约条款的标准化。在期货市场交易的期货合约，其标的物的数量、质量等级和交割等级及替代品升贴水标准、交割地点、交割月份等条款都是标准化的，使期货合约具有普遍性特征。期货合约中，只有期货价格是唯一变量，在交易所以公开竞价方式产生。

期权又称为选择权，是一种衍生性金融工具。是指买方向卖方支付期权费（指权利金）后拥有的在未来一段时间内（指美式期权）或未来某一特定日期（指欧式期权）以事先规定好的价格（指履约价格）向卖方购买或出售一定数量的特定商品的权利，但不负有必须买进或卖出的义务（即期权买方拥有选择是否行使买入或卖出的权利，而期权卖方都必须无条件服从买方的选择并履行成交时的允诺）。

需要强调的是，期权赋予其持有者做某件事情的权利，持有者不一定必须行使该权利。这一特点使期权合约不同于远期和期货合约，在远期和期货合约中持有者有义务购买或出售该标的资产。请注意，投资者签署远期或期货合约时的成本为零，但投资者购买一份期权合约必须支付期权费。

7.2 成本分担契约

农户供给秸秆获得除销售农产品以外的收入，但由于劳动力缺乏、机械化水平不高等因素，可能供给数量不足。

表7-1 成本分担契约模式

参与方数量	参与方	成本分担模式
2	中间商、农户	中间商分担农户的固定成本
2	电厂、农户	电厂分担农户的固定成本
2	电厂、中间商	电厂分担中间商的固定成本
3	电厂、中间商、农户	电厂、中间商分担主要的固定成本

成本分担契约是指电厂或中间商分担农户的固定成本,减少农户前期投入负担,增加其单位投资所获收益,可以增加农户供给意愿和供给数量,主要有四种契约方式,如表7-1所示。

7.2.1 双方成本分担契约

1. 中间商分担农户的固定成本

当农户与中间商签订成本分担契约,由中间商分担一定比例或一定数量的农户的固定成本,即由中间商或经纪人出资购买秸秆收割、打捆等设备,电厂作为秸秆的最终需求方,不参与契约,此时,农户、中间商、电厂以及整个供应链的利润为

$$\widetilde{\Pi}_f = p_1 * \min\{q, \tilde{S}\} - c_{fv} * \tilde{S} - (c_{ff} - c_c) * q \qquad (7-1)$$

$$\widetilde{\Pi}_f = p_1 * \min\{q, \tilde{S}\} - c_{fv} * \tilde{S} - (c_{ff} - c_c) * q \qquad (7-2)$$

$$\widetilde{\Pi}_e = p_3 * \min\{q, \tilde{S}\} - (c_{ev} + p_2) * \min\{q, \tilde{S}\} - c_{ef} * q \qquad (7-3)$$

$$\widetilde{\Pi} = \widetilde{\Pi}_f + \widetilde{\Pi}_a + \widetilde{\Pi}_e \qquad (7-4)$$

其中:c_c 为中间商为农户分担的固定成本。

根据中间商分担的固定成本的增加,中间商给农户提供的收集价格也会相应的发生变动,在这个过程中,农户收益减少,其相应的前期资金投入数量也减少,农户因出售单位秸秆而所获得的的利润却不会减少,此时,农户的最优契约数量为

$$q_f^* = \begin{cases} L^{-1}\left[\dfrac{2(p_1 - c_{ff} + c_c)}{p_1}\right], q \in [s_1, s_2] \\ R^{-1}\left(\dfrac{2c_{ff} - c_c}{p_1}\right), q \in (s_2, s_3] \end{cases} \qquad (7-5)$$

在农户—中间商—电厂这种供应链模式下,农户作为供给数量决定

者，其秸秆供给数量主要取决于中间商秸秆收购价格、原固定资产投入和中间商分担的固定成本数额，随着中间商分担的固定成本数额的增加，农户供给数量增加，直接影响自身、中间商和电厂的利润收益，因此，在农户最优决策条件下，农户、中间商和电厂的模糊利润分别为

$$
E[\widetilde{\Pi}_f]^* = \begin{cases} \dfrac{1}{2}p_1 * \int_0^{\frac{2(p_1-c_{ff}+c_c)}{p_1}} L^{-1}(\lambda)d\lambda - c_{fv} * \left[\dfrac{1}{2}\int_0^1 [L^{-1}(\lambda)+R^{-1}(\lambda)]d\lambda\right], \\ \qquad q \in [s_1,s_2] \\ \dfrac{1}{2}p_1 * \int_0^1 L^{-1}(\lambda)d\lambda + \dfrac{1}{2}p_1 * \int_{\frac{2(c_{ff}-c_c)}{p_1}}^1 R^{-1}(\lambda)d\lambda - c_{fv} \\ \qquad * \left[\dfrac{1}{2}\int_0^1 [L^{-1}(\lambda)+R^{-1}(\lambda)]d\lambda\right], q \in (s_2,s_3] \end{cases}
$$

(7-6)

$$
E[\widetilde{\Pi}_a]^* = \begin{cases} (p_2-c_{av}-p_1)*\left\{\dfrac{1}{2}\int_0^{\frac{2(p_1-c_{ff}+c_c)}{p_1}} L^{-1}(\lambda)d\lambda + L^{-1}\left[\dfrac{2(p_1-c_{ff}+c_c)}{p_1}\right]\right. \\ \left. -\dfrac{1}{2}L^{-1}\left[\dfrac{2(p_1-c_{ff}+c_c)}{p_1}\right]*\dfrac{2(p_1-c_{ff}+c_c)}{p_1}\right\}-(c_{af}+c_c)*L^{-1} \\ \left[\dfrac{2(p_1-c_{ff}+c_c)}{p_1}\right], q \in [s_1,s_2] \\ (p_2-c_{av}-p_1)*\left\{\dfrac{1}{2}\int_0^1 L^{-1}(\lambda)d\lambda + \dfrac{1}{2}\int_{\frac{2(c_{ff}-c_c)}{p_1}}^1 R^{-1}(\lambda)d\lambda + \dfrac{1}{2}R^{-1}\right. \\ \left.\left(\dfrac{2(c_{ff}-c_c)}{p_1}\right)*\dfrac{2(c_{ff}-c_c)}{p_1}\right\}-(c_{af}+c_c)*R^{-1}\left(\dfrac{2(c_{ff}-c_c)}{p_1}\right), q \in (s_2,s_3] \end{cases}
$$

(7-7)

$$E[\widetilde{\Pi_e}]^* = \begin{cases} (p_3 - c_{ev} - p_2) * \left\{ \frac{1}{2} \int_0^{\frac{2(p_1-c_{ff}+c_c)}{p_1}} L^{-1}(\lambda)d\lambda + L^{-1}\left[\frac{2(p_1-c_{ff}+c_c)}{p_1}\right] \right. \\ \left. - \frac{1}{2}L^{-1}\left[\frac{2(p_1-c_{ff}+c_c)}{p_1}\right] * \frac{2(p_1-c_{ff}+c_c)}{p_1} \right\} - c_{ef} * L^{-1}\left[\frac{2(p_1-c_{ff}+c_c)}{p_1}\right], \\ \quad q \in [s_1, s_2] \\ (p_3 - c_{ev} - p_2) * \left\{ \frac{1}{2}\int_0^1 L^{-1}(\lambda)d\lambda + \frac{1}{2}\int_{\frac{2(c_{ff}-c_c)}{p_1}}^1 R^{-1}(\lambda)d\lambda \right. \\ \left. + \frac{1}{2}R^{-1}\left(\frac{2(c_{ff}-c_c)}{p_1}\right) * \frac{2(c_{ff}-c_c)}{p_1} \right\} - c_{ef} * R^{-1}\left(\frac{2(c_{ff}-c_c)}{p_1}\right), q \in (s_2, s_3] \end{cases}$$

(7-8)

  以第 6 章的数据为例,假定中间商维持 10% 的利润水平,调整中间商和农户间的固定成本分摊模式,即由中间商主动承担农户的固定成本,观察当电厂给中间商的价格为 240 元时,供给情况的变化。从表中可以看出,随着中间商分担农户固定成本比例的增加,农户供给数量不断增加,农户和中间商的模糊期望利润也不断增加,但是中间商的契约数量却不断下降,供应链的稳定性相对减弱,主要原因是中间商前期的固定资产投入过大,风险也逐渐增加,增加的收益不足以使中间商去分担这部分额外的固定成本。这种契约模式下,农户收益最大,期望收益增加最大;中间商作为固定成本的主要承担方,增加其经营风险,风险与收益不对等,其签订成本分担契约的意愿不强;电厂作为与契约独立的第三方和整个供应链的主体,搭便车,收购到更多的秸秆,却没有付出相应的成本;为了维持供应链稳定性,中间商固定资本投入增加,承担更大的经营风险,需索求更多的收益。

表 7-2 不同固定成本分摊模式下最优契约数量关系

C_c	C_{ff}	C_{af}	p_2	p_1	q_f^*	q_a^*	q_e^*	q^*	$E[\tilde{\Pi}_f]^*$	$E[\tilde{\Pi}_a]^*$	$E[\tilde{\Pi}_e]^*$
0	80	25	240	153	18.69	18.52	20.57	19.02	627.6531	407.7475	429.8338
10	70	35	240	143	19.11	17.38	20.57	19.02	658.5859	416.9697	439.5556
20	60	45	240	133	19.49	16.57	20.57	19.02	686.6708	425.3428	448.3823
30	50	55	240	123	19.94	15.98	20.57	19.02	719.3157	435.0755	458.6421
40	40	65	240	113	20.47	15.52	20.57	19.02	757.7291	446.5279	470.7149
50	30	75	240	103	21.09	15.15	20.57	19.02	803.5883	460.2002	485.1278
60	20	85	240	93	21.85	14.86	20.57	19.02	859.2905	476.8071	502.6341

2. 电厂分担农户的固定成本

当农户与电厂签订成本分担契约，由电厂分担一定比例或一定数量的农户的固定成本，即由中间商或经纪人出资购买秸秆收割、打捆等设备，电厂作为秸秆的最终需求方，参与契约，中间商作为中间环节，不参与契约，此时，农户、中间商、电厂以及整个供应链的利润为

$$\tilde{\Pi}_f = p_1 * \min\{q, \tilde{S}\} - c_{fv} * \tilde{S} - (c_{ff} - c_c) * q \quad (7-9)$$

$$\tilde{\Pi}_a = p_2 * \min\{q, \tilde{S}\} - (c_{av} + p_1) * \min\{q, \tilde{S}\} - c_{af} * q \quad (7-10)$$

$$\tilde{\Pi}_e = p_3 * \min\{q, \tilde{S}\} - (c_{ev} + p_2) * \min\{q, \tilde{S}\} - (c_{ef} + c_c) * q \quad (7-11)$$

$$\tilde{\Pi} = \tilde{\Pi}_f + \tilde{\Pi}_a + \tilde{\Pi}_e \quad (7-12)$$

其中：c_c 为中间商为农户分担的固定成本。

根据电厂分担的固定成本的增加，电厂给中间商提供的收集价格发生变动，中间商给农户提供的收集价格也会相应地发生变动，在这个过程中，农户收益减少，其相应的前期资金投入数量也减少，农户因出售单位秸秆而所获得的利润却不会减少，若中间商索求一定的利润率，中间商所获取的利润会由于首个价格的降低而减少。此时，农户的最优契约数量为

$$q_f^* = \begin{cases} L^{-1}\left[\dfrac{2(p_1 - c_{ff} + c_c)}{p_1}\right], q \in [s_1, s_2] \\ R^{-1}\left(\dfrac{2c_{ff} - c_c}{p_1}\right), q \in (s_2, s_3] \end{cases} \quad (7-13)$$

在农户—中间商—电厂这种供应链模式下,农户作为供给数量决定者,秸秆供给数量主要取决于中间商秸秆收购价格、原固定资产投入和电厂分担的固定成本数额,随着电厂分担的固定成本数额的增加,农户供给数量增加,直接影响自身、中间商和电厂的利润收益,因此,在农户最优决策条件下,农户、中间商和电厂的模糊利润分别为

$$E[\widetilde{\Pi}_f]^* = \begin{cases} \dfrac{1}{2}p_1 * \int_0^{\frac{2(p_1-c_{ff}+c_c)}{p_1}} L^{-1}(\lambda)d\lambda - c_{fv} * \left[\dfrac{1}{2}\int_0^1 [L^{-1}(\lambda) + R^{-1}(\lambda)]d\lambda\right], \\ \qquad q \in [s_1, s_2] \\ \dfrac{1}{2}p_1 * \int_0^1 L^{-1}(\lambda)d\lambda + \dfrac{1}{2}p_1 * \int_{\frac{2(c_{ff}-c_c)}{p_1}}^1 R^{-1}(\lambda)d\lambda - c_{fv} * \\ \left[\dfrac{1}{2}\int_0^1 [L^{-1}(\lambda) + R^{-1}(\lambda)]d\lambda\right], q \in (s_2, s_3] \end{cases}$$

$$(7-14)$$

$$E[\widetilde{\Pi}_a]^* = \begin{cases} (p_2 - c_{av} - p_1) * \left\{\dfrac{1}{2}\int_0^{\frac{2(p_1-c_{ff}+c_c)}{p_1}} L^{-1}(\lambda)d\lambda + L^{-1}\left[\dfrac{2(p_1-c_{ff}+c_c)}{p_1}\right]\right. \\ \left. - \dfrac{1}{2}L^{-1}\left[\dfrac{2(p_1-c_{ff}+c_c)}{p_1}\right] * \dfrac{2(p_1-c_{ff}+c_c)}{p_1}\right\} - c_{af} * L^{-1}\left[\dfrac{2(p_1-c_{ff}+c_c)}{p_1}\right], \\ \qquad q \in [s_1, s_2] \\ (p_2 - c_{av} - p_1) * \left\{\dfrac{1}{2}\int_0^1 L^{-1}(\lambda)d\lambda + \dfrac{1}{2}\int_{\frac{2(c_{ff}-c_c)}{p_1}}^1 R^{-1}(\lambda)d\lambda\right. \\ \left. + \dfrac{1}{2}R^{-1}\left(\dfrac{2(c_{ff}-c_c)}{p_1}\right) * \dfrac{2(c_{ff}-c_c)}{p_1}\right\} - c_{af} * R^{-1}\left(\dfrac{2(c_{ff}-c_c)}{p_1}\right), q \in (s_2, s_3] \end{cases}$$

$$(7-15)$$

$$E[\tilde{\Pi}_e]^* = \begin{cases} (p_3 - c_{ev} - p_2) * \left\{ \frac{1}{2} \int_0^{\frac{2(p_1 - c_{ff} + c_c)}{p_1}} L^{-1}(\lambda) d\lambda + L^{-1}\left[\frac{2(p_1 - c_{ff} + c_c)}{p_1}\right] \right. \\ \left. - \frac{1}{2} L^{-1}\left[\frac{2(p_1 - c_{ff} + c_c)}{p_1}\right] * \frac{2(p_1 - c_{ff} + c_c)}{p_1} \right\} - (c_{ef} + c_c) * L^{-1} \\ \left[\frac{2(p_1 - c_{ff} + c_c)}{p_1}\right], q \in [s_1, s_2] \\ (p_3 - c_{ev} - p_2) * \left\{ \frac{1}{2} \int_0^1 L^{-1}(\lambda) d\lambda + \frac{1}{2} \int_{\frac{2(c_{ff} - c_c)}{p_1}}^1 R^{-1}(\lambda) d\lambda + \frac{1}{2} R^{-1} \right. \\ \left. \left(\frac{2(c_{ff} - c_c)}{p_1}\right) * \frac{2(c_{ff} - c_c)}{p_1} \right\} - (c_{ef} + c_c) * R^{-1}\left(\frac{2(c_{ff} - c_c)}{p_1}\right), q \in (s_2, s_3] \end{cases}$$

(7-16)

以第6章中数据为例,假定中间商维持10%的利润水平,调整电厂和农户之间固定成本分摊模式,即由电厂主动承担农户的固定成本,改变电厂承担固定成本的数额,得出表7-3的数据。从表7-3中可以看出,随着电厂承担固定成本的增加,农户供给数量不断增加,其所获得的收益也不断增加,电厂由于农户供给秸秆数量的增加,而获得更多的发电收益;但是,对于电厂而言,分担的固定成本过多,会影响其签订供给契约的数量,对于中间商而言,由于电厂分担成本的增加而使得电厂从中间商处收购秸秆价格降低,导致中间商获得利润减少,中间商也不期望电厂与农户签成本分担契约。

表7-3 不同固定成本分摊模式下最优契约数量关系

C_c	C_{ff}	C_{af}	p_2	p_1	q_f^*	q_a^*	q_e^*	q^*	$E[\tilde{\Pi}_f]^*$	$E[\tilde{\Pi}_a]^*$	$E[\tilde{\Pi}_e]^*$
0	80	25	240	153	18.69	18.52	20.57	19.02	627.6531	407.7475	429.8338
10	70	25	230	144	19.14	18.38	19.11	19.02	678.2449	400.2409	440.265
20	60	25	220	135	19.56	18.22	17.85	19.02	726.6667	391.1111	449.7778
30	50	25	210	126	20.03	18.06	16.95	19.02	780.3741	382.3695	460.6643
40	40	25	200	117	20.58	17.89	16.29	19.02	840.6013	374.1068	473.2451
50	30	25	190	108	21.22	17.72	17.44	19.45	908.9988	366.4442	700.1013
60	20	25	180	99	21.97	17.54	16.86	19.45	987.8257	359.5475	725.0876

这种契约模式下,农户收益最大,期望收益增加最大;电厂、中间商和农户所期望契约数量差距较大,供应链不稳定。为了维持供应链稳定性,中间商期望电厂以更高的价格收购,电厂固定资本投入增加,承担更大的经营风险,需索求更多的收益。

3. 电厂分担中间商的固定成本

电厂和中间商年需秸秆量巨大,其所分摊固定成本较小,在这种模式下,电厂分担中间商的固定成本,对秸秆收购价格影响较小,同时农户前期所需投入没有发生改变,不能激励农户促进供给,整个供应链秸秆供应数量不会发生大的变化,因此,该契约无明显效果。

7.2.2 三方成本分担契约

整个生物质发电燃料供应链,包括电厂、中间商和农户三方,签订成本分担契约,由电厂和中间商共同分担一定比例或一定数量的农户的固定成本,电厂作为秸秆的最终需求方,为收集秸秆燃料,承担部分农户的固定成本,而中间商在有利可图的情况下,为了收集更多的秸秆销售给电厂,也会承担部分农户的固定成本。此时,农户、中间商、电厂以及整个供应链的利润为

$$\widetilde{\Pi}_f = p_1 * \min\{q, \tilde{S}\} - c_{fv} * \tilde{S} - (c_{ff} - c_c) * q \quad (7-17)$$

$$\widetilde{\Pi}_a = p_2 * \min\{q, \tilde{S}\} - (c_{av} + p_1) * \min\{q, \tilde{S}\} - (c_{af} + c_{c1}) * q \quad (7-18)$$

$$\widetilde{\Pi}_e = p_3 * \min\{q, \tilde{S}\} - (c_{ev} + p_2) * \min\{q, \tilde{S}\} - (c_{ef} + c_{c2}) * q \quad (7-19)$$

$$\widetilde{\Pi} = \widetilde{\Pi}_f + \widetilde{\Pi}_a + \widetilde{\Pi}_e \quad (7-20)$$

其中:c_c 是电厂和中间商为农户分担的固定成本,c_{c2} 是电厂为农户分担

的固定成本，c_{c1} 是中间商为农户分担的固定成本，$c_c = c_{c1} + c_{c2}$。

在农户—中间商—电厂这种供应链模式下，电厂与中间商分担农户的固定成本，并根据固定成本的分担数额确定电厂秸秆燃料收购价格和中间商秸秆燃料收购价格，农户作为供给数量决定者，会综合考虑单位秸秆所得利润和前期固定资产投入，直接影响自身、中间商和电厂的利润收益。因此，在农户最优决策条件下，根据中间商给农户提供的收集价格，农户的最优契约数量为

$$q_f^* = \begin{cases} L^{-1}\left[\dfrac{2(p_1 - c_{ff} + c_c)}{p_1}\right], q \in [s_1, s_2] \\ R^{-1}\left(\dfrac{2c_{ff} - c_c}{p_1}\right), q \in (s_2, s_3] \end{cases} \qquad (7-21)$$

由农户最优供给量，可得秸秆供给量主要取决于中间商收购价格、原固定资产投入和中间商分担的固定成本数额，在农户最优决策条件下，农户、中间商和电厂的模糊利润分别为

$$E[\hat{\Pi}_f]^* = \begin{cases} \dfrac{1}{2}p_1 * \int_0^{\frac{2(p_1 - c_{ff} + c_c)}{p_1}} L^{-1}(\lambda)d\lambda - c_{fv} * \left[\dfrac{1}{2}\int_0^1 [L^{-1}(\lambda) + R^{-1}(\lambda)]d\lambda\right], \\ \qquad q \in [s_1, s_2] \\ \dfrac{1}{2}p_1 * \int_0^1 L^{-1}(\lambda)d\lambda + \dfrac{1}{2}p_1 * \int_{\frac{2(c_{ff} - c_c)}{p_1}}^1 R^{-1}(\lambda)d\lambda - c_{fv} \\ \qquad * \left[\dfrac{1}{2}\int_0^1 [L^{-1}(\lambda) + R^{-1}(\lambda)]d\lambda\right], q \in (s_2, s_3] \end{cases}$$

$$(7-22)$$

$$E[\widetilde{\Pi}_a]^* = \begin{cases} (p_2 - c_{av} - p_1) * \left\{ \frac{1}{2} \int_0^{\frac{2(p_1-c_{ff}+c_c)}{p_1}} L^{-1}(\lambda)d\lambda + L^{-1}\left[\frac{2(p_1-c_{ff}+c_c)}{p_1}\right] \right. \\ \left. - \frac{1}{2}L^{-1}\left[\frac{2(p_1-c_{ff}+c_c)}{p_1}\right] * \frac{2(p_1-c_{ff}+c_c)}{p_1} \right\} - (c_{af}+c_{c1}) * L^{-1} \\ \left[\frac{2(p_1-c_{ff}+c_c)}{p_1}\right], q \in [s_1, s_2] \\ (p_2 - c_{av} - p_1) * \left\{ \frac{1}{2} \int_0^1 L^{-1}(\lambda)d\lambda + \frac{1}{2} \int_{\frac{2(c_{ff}-c_c)}{p_1}}^1 R^{-1}(\lambda)d\lambda + \frac{1}{2}R^{-1} \right. \\ \left. \left(\frac{2(c_{ff}-c_c)}{p_1}\right) * \frac{2(c_{ff}-c_c)}{p_1} \right\} - (c_{af}+c_{c1}) * R^{-1}\left(\frac{2(c_{ff}-c_c)}{p_1}\right), \\ q \in (s_2, s_3] \end{cases}$$

$$(7-23)$$

$$E[\widetilde{\Pi}_e]^* = \begin{cases} (p_3 - c_{ev} - p_2) * \left\{ \frac{1}{2} \int_0^{\frac{2(p_1-c_{ff}+c_c)}{p_1}} L^{-1}(\lambda)d\lambda + L^{-1}\left[\frac{2(p_1-c_{ff}+c_c)}{p_1}\right] - \frac{1}{2}L^{-1} \right. \\ \left. \left[\frac{2(p_1-c_{ff}+c_c)}{p_1}\right] * \frac{2(p_1-c_{ff}+c_c)}{p_1} \right\} - (c_{ef}+c_{c2}) * L^{-1}\left[\frac{2(p_1-c_{ff}+c_c)}{p_1}\right], \\ q \in [s_1, s_2] \\ (p_3 - c_{ev} - p_2) * \left\{ \frac{1}{2} \int_0^1 L^{-1}(\lambda)d\lambda + \frac{1}{2} \int_{\frac{2(c_{ff}-c_c)}{p_1}}^1 R^{-1}(\lambda)d\lambda + \frac{1}{2}R^{-1} \right. \\ \left. \left(\frac{2(c_{ff}-c_c)}{p_1}\right) * \frac{2(c_{ff}-c_c)}{p_1} \right\} - (c_{ef}+c_{c2}) * R^{-1}\left(\frac{2(c_{ff}-c_c)}{p_1}\right), q \in (s_2, s_3] \end{cases}$$

$$(7-24)$$

7.2.3 案例分析

以上述数据为例,假定中间商维持10%的利润水平,调整电厂和中间商分担农户的固定成本数额,即由电厂和中间商按不同比例承担农户的固定成本,根据其分担成本的不同,调整电厂秸秆收购价格和中间商收购价格,观察供应链三方秸秆契约数量和农户供给情况,并根据三方收益确定供应链优化程度。

表7-4 不同固定成本分摊模式下最优契约数量关系

C_1	C_2	C_{af}	C_{ef}	p_2	p_1	q_f^*	q_a^*	q_e^*	q^*	$E[\Pi_f]^*$	$E[\Pi_a]^*$	$E[\Pi_e]^*$
0	60	85	12	240	93	21.85	14.86	20.57	19.02	859.2905	476.8071	502.6341
10	50	75	22	230	94	21.87	15.05	19.11	19.02	880.6939	457.3737	503.1111
20	40	65	32	220	95	21.89	15.29	17.85	19.02	902.1053	437.8947	503.5789
30	30	55	42	210	96	21.91	15.61	16.95	19.02	923.5243	418.3714	504.0379
40	20	45	52	200	97	21.93	16.03	16.29	19.02	944.9509	398.805	504.4883
50	10	35	62	190	98	21.95	16.63	15.79	19.02	966.3848	379.1966	504.9302
60	0	25	72	180	99	21.97	17.54	15.39	19.02	987.8257	359.5475	505.3641

从表7-4中可以看出，在该种契约模式下，在电厂和中间商分担农户固定成本数额一定的情况下，随着电厂分担成本的增加，电厂的收购价格降低，中间商的收购价格却略有增加，这是因为假定中间商始终维持10%的利润水平，并且中间商所占成本降低；随着电厂分担成本的增加，农户供给数量增加，但不明显，农户的模糊期望收益因为价格和供给数量都增加而显著增加，中间商因为分担成本即风险的降低，中间商最优收购数量却明显增加，其模糊期望却减少，相反，电厂因为成本的增加，最优收购数量明显减少，但由于农户供给秸秆数量的增加，电厂可以维持正常运行，其收益稳定增加。

这种契约模式下，农户收益最大，期望收益增加最大，有利于供应链的稳定；但当中间商或电厂分担成本时，其经营风险增加，双方都不愿意扩大秸秆的收购，会影响整个供应链的稳定，双方签约意愿不强。而在集中决策下，电厂、中间商和农户信息共享，决定秸秆契约数量，明显优于分散决策情况下供给水平，可以很好地规避这种情况。

综上，考虑四种成本分担契约，为了激励农户，提高供给意愿和供给数量，农户必须作为成本分担契约的一方，电厂或者中间商分担农户的固定成本，可以很好地减少农户前期资金投入，提高农户供给意愿，保证电厂可以收购到足量的秸秆；而当电厂和中间商分担农户的固定成本时，会增加电厂或中间商的运营成本，增加经营风险，集中决策可以在一定程度上解决这个问题。

7.3 收益共享契约

收益共享契约是指销售方在销售产品获得收益后，将一定比例的收益共享给供应链上游企业，在这个过程中，上游企业的贡献必须能测度和计量，在农户—中间商—电厂模式下，农户供给中间商的秸秆数量数据往往在中间商处，电厂在分配收益时，会产生道德风险或委托代理问题，即中间商伪造数据，不当获得原属于农户的共享收益。因此，本文在农户—农村正式组织—电厂供应下探讨收益共享契约（图7-1），即电厂、农村正式组织和农户三方签订，农户将秸秆销售给农村正式组织，农村正式组织再将秸秆销售给电厂，在电厂获得发电收益后，按照契约规定，将一部分利润分配给农村正式组织和农户。此时，农户、农村正式组织和电厂的期望收益为

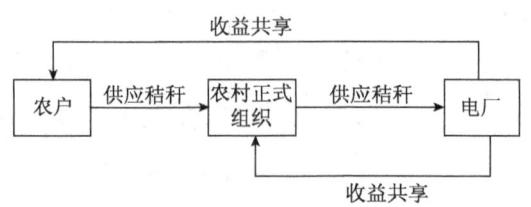

图7-1 收益共享契约

$$\begin{aligned}
\widetilde{\Pi}_f{}^* &= p_1 * \min\{q,\tilde{S}\} - c_{fv} * \tilde{S} - c_{ff} * q + \alpha * \\
&\quad [p_3 * \min\{q,\tilde{S}\} - (c_{ev} + p_2) * \min\{q,\tilde{S}\} - c_{ef} * q] \\
&= [p_1 + \alpha * (p_3 - c_{ev} - p_2)] * \min\{q,\tilde{S}\} - c_{fv} \\
&\quad * \tilde{S} - c_{ff} * q - \alpha * c_{ef} * q
\end{aligned} \quad (7-25)$$

$$\begin{aligned}
\widetilde{\Pi}_c &= p_2 * \min\{q,\tilde{S}\} - (c_{cv} + p_1) * \min\{q,\tilde{S}\} - c_{cf} * q + \beta * \\
&\quad [p_3 * \min\{q,\tilde{S}\} - (c_{ev} + p_2) * \min\{q,\tilde{S}\} - c_{ef} * q] \\
&= [p_2 - c_{cv} - p_1 + \beta(p_3 - c_{ev} - p_2)] * \min\{q,\tilde{S}\} - c_{cf} \\
&\quad * q - \beta * c_{ef} * q
\end{aligned} \quad (7-26)$$

$$\begin{aligned}
\widetilde{\Pi}_e{}^* &= (1-\alpha-\beta)\widetilde{\Pi}_e = (1-\alpha-\beta) \\
&\quad * [p_3 * \min\{q,\tilde{S}\} - (c_{ev} + p_2) * \min\{q,\tilde{S}\} - c_{ef} * q]
\end{aligned} \quad (7-27)$$

其中：α 为农户获得共享收益系数，β 为农村正式组织获得共享收益系数

7.3.1 分散决策

根据秸秆的模糊供给 $\tilde{S}$ 与契约供给数量 q 之间的关系，下面分两种情况：

情形 1：当 $q \in [s_1, s_2]$ 时，$\min\{q,\tilde{S}\}$ 的 λ 截集为

$$(\min\{q,\tilde{S}\})_\lambda = \begin{cases} [L^{-1}(\lambda), q], \lambda \in [0, L(q)] \\ [q, q], \lambda \in (L(q), 1] \end{cases} \quad (7-28)$$

此时，农户的模糊期望利润为

$$E[\widehat{\Pi}_f] = p_1 * E[\min\{q,\tilde{S}\}] - c_{fv} * E[\tilde{S}] - c_{ff} * q + \alpha * E[p_3 * \min\{q,\tilde{S}\}$$

$$- (c_{ev} + p_2) * \min\{q,\tilde{S}\} - c_{ef} * q]$$

$$= [p_1 + \alpha * (p_3 - c_{ev} - p_2)] * \left[\frac{1}{2}\int_0^{L(q)} [L^{-1}(\lambda) + q]d\lambda + \frac{1}{2}\int_{L(q)}^1 [q + q]d\lambda\right]$$

$$- c_{fv} * \left[\frac{1}{2}\int_0^1 [L^{-1}(\lambda) + R^{-1}(\lambda)]d\lambda\right] - c_{ff} * q - \alpha * c_{ef} * q \quad (7-29)$$

农户的模糊期望利润对 q 求二阶导数为 $\frac{d^2 E[\widehat{\Pi}_f]}{dq^2} < 0$，因此，当 $q \in [s_1, s_2]$ 时，$E[\widehat{\Pi}_f]$ 是关于 q 的凹函数。

情形2：当 $q \in (s_2, s_3]$ 时，$\min\{q,\tilde{S}\}$ 的 λ 截集为

$$(\min\{q,\tilde{S}\})_\lambda = \begin{cases} [L^{-1}(\lambda), q], \lambda \in [0, R(q)] \\ [L^{-1}(\lambda), R^{-1}(\lambda)], \lambda \in (R(q), 1] \end{cases} \quad (7-30)$$

此时，农户的模糊期望利润为

$$E[\widehat{\Pi}_f] = p_1 * E[\min\{q,\tilde{S}\}] - c_{fv} * E[\tilde{S}] - c_{ff} * q + \alpha * E[p_3 * \min\{q,\tilde{S}\}$$

$$- (c_{ev} + p_2) * \min\{q,\tilde{S}\} - c_{ef} * q]$$

$$= [p_1 + \alpha * (p_3 - c_{ev} - p_2)] * \left[\frac{1}{2}\int_0^{R(q)} [L^{-1}(\lambda) + q]d\lambda + \frac{1}{2}\int_{R(q)}^1$$

$$[L^{-1}(\lambda) + R^{-1}(\lambda)]d\lambda\right] - c_{fv} * \left[\frac{1}{2}\int_0^1 [L^{-1}(\lambda) + R^{-1}(\lambda)]d\lambda\right]$$

$$- c_{ff} * q - \alpha * c_{ef} * q \quad (7-31)$$

农户的模糊期望利润对 q 求二阶导数为 $\frac{d^2 E[\widehat{\Pi}_f]}{dq^2} < 0$，因此，当 $q \in (s_2, s_3]$ 时，$E[\widehat{\Pi}_f]$ 是关于 q 的凹函数。

综上，农户的模糊利润为凹函数。根据中间商给农户提供的收集价格，农户的最优契约数量为

$$q_f^* = \begin{cases} L^{-1}\left[\dfrac{2[p_1 + \alpha*(p_3 - c_{ev} - p_2)] - 2c_{ff} - 2\alpha*c_{ef}}{p_1 + \alpha*(p_3 - c_{ev} - p_2)}\right], q \in [s_1, s_2] \\ R^{-1}\left(\dfrac{2c_{ff} + 2\alpha*c_{ef}}{p_1 + \alpha*(p_3 - c_{ev} - p_2)}\right), q \in (s_2, s_3] \end{cases}$$

(7-32)

从式（7-32）中可以看出，农户的最优契约数量不仅取决于中间商的收购价格和本身的固定成本投入，还取决于农户获得共享收益系数、电厂发电电价、变动成本和电厂从中间商处的秸秆收购价格，即电厂的收益及农户的收益均会促进农户的秸秆供给。

同理，农村正式组织和电厂的最优契约数量如式（7-33）和式（7-34）表示：

$$q_c^* = \begin{cases} L^{-1}\left[\dfrac{2[p_2 - c_{cv} - p_1 + \beta(p_3 - c_{ev} - p_2)] - 2c_{cf} - 2\beta*c_{ef}}{p_2 - c_{cv} - p_1 + \beta(p_3 - c_{ev} - p_2)}\right], q \in [s_1, s_2] \\ R^{-1}\left(\dfrac{2c_{cf} + 2\beta*c_{ef}}{p_2 - c_{cv} - p_1 + \beta(p_3 - c_{ev} - p_2)}\right), q \in (s_2, s_3] \end{cases}$$

(7-33)

$$q_e^* = \begin{cases} L^{-1}\left[\dfrac{2(p_3 - c_{ev} - p_2 - c_{ef})}{p_3 - c_{ev} - p_2}\right], q \in [s_1, s_2] \\ R^{-1}\left(\dfrac{2c_{ef}}{p_3 - c_{ev} - p_2}\right), q \in (s_2, s_3] \end{cases}$$

(7-34)

从农户、农村正式组织和生物质电厂的最优契约数量公式中可以看出，农户的最优决策数量不仅取决于其自身的单位投资与收益情况，还会充分考虑供应链下游生物质电厂的运营情况，在这种模式下，农户供给意愿增强，中间商也会尽可能扩大秸秆收购保证电厂正常运行获得收益。

7.3.2 集中决策

当整个供应链的农户、农村正式组织和电厂集中进行决策时，整个供

应链的利润可以表示为

$$\tilde{\Pi} = (p_3 - c_{ev} - c_{cv}) * \min\{q, \tilde{S}\} - (c_{ef} + c_{cf} + c_{ff}) * q - c_{fv} * \tilde{S}$$

(7-35)

整个供应链的模糊期望利润为

$$E[\tilde{\Pi}] = \begin{cases} (p_3 - c_{ev} - c_{cv}) * \left[\frac{1}{2}\int_0^{L(q)}[L^{-1}(\lambda) + q]d\lambda + \frac{1}{2}\int_{L(q)}^1[q + q]d\lambda\right] \\ \quad - (c_{ef} + c_{cf} + c_{ff}) * q - c_{fv} * \left[\frac{1}{2}\int_0^1[L^{-1}(\lambda) + R^{-1}(\lambda)]d\lambda\right], \\ q \in [s_1, s_2] \\ (p_3 - c_{ev} - c_{cv}) * \left[\frac{1}{2}\int_0^{R(q)}[L^{-1}(\lambda) + q]d\lambda + \frac{1}{2}\int_{R(q)}^1[L^{-1}(\lambda) + R^{-1}(\lambda)]d\lambda\right] \\ \quad - (c_{ef} + c_{cf} + c_{ff}) * q - c_{fv} * \left[\frac{1}{2}\int_0^1[L^{-1}(\lambda) + R^{-1}(\lambda)]d\lambda\right], q \in (s_2, s_3] \end{cases}$$

(7-36)

在两种情形中整个供应链的模糊期望利润对 q 的二阶导数均小于零,为凹函数,可以求得最优契约数量为:

$$q^* = \begin{cases} L^{-1}\left[\frac{2(p_3 - c_{ev} - c_{cv} - c_{ef} - c_{cf} - c_{ff})}{p_3 - c_{ev} - c_{cv}}\right], q \in [s_1, s_2] \\ R^{-1}\left(\frac{2c_{ef} + 2c_{cf} + 2c_{ff}}{p_3 - c_{ev} - c_{cv}}\right), q \in (s_2, s_3] \end{cases}$$

(7-37)

7.3.3 案例分析

为了更好地分析收益共享契约对供应链各方的影响,现分别控制农户获得的共享收益系数和农村正式组织获得共享收益系数,研究另一个因素对整个供应链的影响。数据采用本文中的实际案例,以某生物质电厂的实际数据进行分析。选取某装机容量为 25 兆瓦、年发电小时数为 6500 小时的生物质电厂作为研究对象,该电厂年消耗秸秆量约为 21 万吨,该地区农户的供给量约为 19 万吨,设模糊供给量 $\tilde{S} = (12, 19, 24)$,电厂收集秸秆的盈亏平衡价格为285元/吨,也就是说,当收购价格与最后处理成本高于285元/吨时,电厂就会面临亏损。当农户获得的共享收益系数和农村正式组织获得共享收益系数分别取0、0.05、0.1、0.15、0.2、0.25、0.3,得出供应链三方的契约数量及模糊期望收益,如表7-5所示。

表7-5 农户获得共享收益下最优契约数量关系

α	β	p_2	p_1	q_f^*	q_a^*	q_e^*	q^*	$E[\tilde{\Pi}_f]^*$	$E[\tilde{\Pi}_a]^*$	$E[\tilde{\Pi}_e]^*$
0	0	240	153	18.69	18.52	20.57	19.02	627.6531	407.7475	429.8338
0.05	0	240	153	18.72	18.52	20.57	19.02	629.7292	408.3665	408.962
0.1	0	240	153	18.74	18.52	20.57	19.02	631.7589	408.9716	388.0118
0.15	0	240	153	18.77	18.52	20.57	19.02	633.7438	409.5634	366.9858
0.2	0	240	153	18.80	18.52	20.57	19.02	635.6853	410.1422	345.8866
0.25	0	240	153	18.82	18.52	20.57	19.02	637.5848	410.7085	324.7164
0.3	0	240	153	18.85	18.52	20.57	19.02	639.4437	411.2627	303.4776

表7-6 农村正式组织获得共享收益下最优契约数量关系

α	β	p_2	p_1	q_f^*	q_a^*	q_e^*	q^*	$E[\tilde{\Pi}_f]^*$	$E[\tilde{\Pi}_a]^*$	$E[\tilde{\Pi}_e]^*$
0	0	240	153	18.69	18.52	20.57	19.02	627.6531	407.7475	429.8338
0	0.05	240	153	18.69	18.62	20.57	19.02	627.6531	407.7475	408.3421
0	0.1	240	153	18.71	18.52	20.57	19.02	627.6531	407.7475	386.8504
0	0.15	240	153	18.69	18.79	20.57	19.02	627.6531	407.7475	365.3588
0	0.2	240	153	18.87	18.52	20.57	19.02	627.6531	407.7475	343.8671
0	0.25	240	153	18.69	18.95	20.57	19.02	627.6531	407.7475	322.3754
0	0.3	240	153	18.69	20.27	20.57	19.02	627.6531	407.7475	300.8837

通过观察表中数据变化可知,收益共享契约对供应链稳定具有明显的效果,在签订收益共享契约后,农户秸秆供应数量和中间商秸秆收购情况都不断好转,并且农户、中间商和电厂的契约数量都保持一个较高的水平,但在两种情况下,电厂需让渡一部分的发电收益,以保证供应链的高效稳定。

7.4 期货契约

7.4.1 模型构建

期货契约是指在秸秆市场建立期货市场，电厂在期初从农村正式组织以保证金的形式购买秸秆，在秸秆收购日期再按约定的价格进行交割；农村正式组织以保证金的形式从农户处购买秸秆，在秸秆收购日期再按约定的价格进行交割。期货契约可以帮助农户和农村正式组织提前锁定一部分收入，增加农户和农村正式组织的话语权，使处在供应链上游的参与方可以积极地参与供应链的协调，对长期供应链的稳定具有明显效果。

当秸秆市场签订期货契约时，农户、农村正式组织和电厂的预期收益为

$$\widetilde{\Pi}_f = p_1 * \min\{q, \tilde{S}\} - c_{fv} * \tilde{S} - c_{ff} * q + \alpha * q \tag{7-38}$$

$$\widetilde{\Pi}_a = p_2 * \min\{q, \tilde{S}\} - (c_{av} + p_1) * \min\{q, \tilde{S}\} - c_{af} * q + (\beta - \alpha) * q \tag{7-39}$$

$$\widetilde{\Pi}_e = p_3 * \min\{q, \tilde{S}\} - (c_{ev} + p_2) * \min\{q, \tilde{S}\} - c_{ef} * q - \beta * q \tag{7-40}$$

其中，α 为农村正式组织期初从农户购买秸秆所交的保证金系数，β 为电厂期初从农村正式组织购买秸秆所交的保证金系数，且 $0 \leq \alpha \leq \beta$。

当电厂与农村正式组织签订期货契约，农村正式组织与农户签订期货契约，农村正式组织和农户可以提前获得保证金，农户可以用这部分保证

金进行前期的投入,弥补前期过高的固定资本投入,农村正式组织通过与上游农户签订期货契约,可以保证秸秆的收购量,农村正式组织与下游电厂签订期货契约,则可以保证供应链的稳定。此时,农户的最优契约数量为

$$q_f^* = \begin{cases} L^{-1}\left[\dfrac{2(p_1 - c_{ff} + \alpha)}{p_1}\right], q \in [s_1, s_2] \\ R^{-1}\left(\dfrac{2c_{ff} - 2\alpha}{p_1}\right), q \in (s_2, s_3] \end{cases} \quad (7-41)$$

农村正式组织的最优契约数量为

$$q_c^* = \begin{cases} L^{-1}\left[\dfrac{2(p_2 - c_{cv} - p_1 - c_{cf} + \beta - \alpha)}{p_2 - c_{cv} - p_1}\right], q \in [s_1, s_2] \\ R^{-1}\left(\dfrac{2c_{cf} - 2\beta + 2\alpha}{p_2 - c_{cv} - p_1}\right), q \in (s_2, s_3] \end{cases} \quad (7-42)$$

电厂的最优契约数量为

$$q_e^* = \begin{cases} L^{-1}\left[\dfrac{2(p_3 - c_{ev} - p_2 - c_{ef} - \beta)}{p_3 - c_{ev} - p_2}\right], q \in [s_1, s_2] \\ R^{-1}\left(\dfrac{2c_{ef} + 2\beta}{p_3 - c_{ev} - p_2}\right), q \in (s_2, s_3] \end{cases} \quad (7-43)$$

7.4.2 案例分析

以电厂数据为例,考虑到保证金数额大小,我们分为两种情况进行讨论:①当电厂收购依然维持高价格,但保证金数额较低时,得出表7-7中数据;②当电厂支付较高的保证金,但为了维持一定利润,相应降低收购价格时,供应链均衡情况如表7-8所示。

表7-7 期货契约下最优契约数量关系（低保证金）

α	β	p_2	p_1	q_f^*	q_a^*	q_e^*	q^*	$E[\Pi_f]^*$	$E[\Pi_a]^*$	$E[\Pi_e]^*$
0	0	240	153	18.69	18.52	20.57	19.02	627.6531	407.7475	429.8338
1	1	239	152	18.72	18.55	20.39	19.02	626.8289	411.9211	430.6447
1	2	238	152	18.72	18.70	20.22	19.02	626.8289	411.9211	430.6447
2	2	238	151	18.77	18.55	20.22	19.02	630.0795	412.9007	431.6689
2	3	237	151	18.77	18.70	20.05	19.02	630.0795	412.9007	431.6689
3	3	237	150	18.81	18.55	20.05	19.02	633.3733	413.8933	432.7067
3	4	236	150	18.81	18.70	19.90	19.02	633.3733	413.8933	432.7067

表7-8 期货契约下最优契约数量关系（高保证金）

α	β	p_2	p_1	q_f^*	q_a^*	q_e^*	q^*	$E[\Pi_f]^*$	$E[\Pi_a]^*$	$E[\Pi_e]^*$
0	0	240	153	18.69	18.52	20.57	19.02	627.6531	407.7475	429.8338
3	6	234	150	18.81	19.00	19.61	19.02	633.3733	413.8933	432.7067
5	10	230	148	18.91	19.24	19.11	19.02	640.0946	415.9189	434.8243
7	14	226	146	19.00	19.50	18.57	19.02	647	418	437
10	20	220	143	19.10	19.95	17.85	19.02	654.6573	420.3077	439.4126
15	30	210	138	19.29	20.88	16.95	19.02	668.1594	424.3768	443.6667
20	40	200	133	19.49	22.15	16.29	19.02	682.6767	428.7519	448.2406

从表7-7和表7-8对比中可以看出，当供应链签订期货契约并在低保证金和高收购价格情形下，农户和中间商的契约数量有增加的趋势，而电厂的契约数量则略有下降，但下降较少，整个供应链处在一个稳定的状态；当在高保证金和低收购价格情形下，虽然电厂收益增加，但电厂最优契约数量下降明显，风险较大，不利于供应链的稳定。

7.5 本章小结

本章考虑四种成本分担契约，为了激励农户，提高供给意愿和供给数量，农户必须作为成本分担契约的一方，电厂或者中间商分担农户的固定成本，可以很好地减少农户前期资金投入，提高农户供给意愿，保证电厂足量的秸秆收购量；而当电厂和中间商分担农户的固定成本时，会增加电厂或中间商的运营成本，增加经营风险，集中决策可以在一定程度上解决这个问题。

契约协调是促进供应链优化的重要方式，合理的契约可以激励供应链各方在供应链运作过程中发挥积极的作用，并协助改善各方的行为。本文在模糊供给情况下，探讨了成本分担契约、收益共享契约和期货契约对生物质发电燃料供应链的影响：在成本分担契约中，电厂和中间商主动分担农户的固定成本，可以有效地激励农户做出供给秸秆行为，由于供给数量的增加，电厂、中间商和农户模糊期望收益均会增加，但由于分担成本的增加，会额外增加电厂或中间商的风险，其契约数量会有所减少；在收益共享契约中，收益共享契约对供应链稳定具有明显的效果，在签订收益共享契约后，农户秸秆供应数量和中间商秸秆收购情况都不断好转，代价是电厂让渡部分的发电收益；当供应链签订期货契约并在低保证金和高收购价格情形下，农户和中间商的契约数量有增加的趋势，而电厂的契约数量则略有下降，但下降较少，整个供应链处在一个稳定的状态。目前生物质电厂仍属于新兴产业，随着技术的进步，农业机械化程度的大范围推广，相应的契约模式也会发生相应的变化，这就需要在产业的成长期、成熟期等不同阶段，采用相适应的契约模式与之相适应。相信随着生物质发电行业不断成熟，相应的契约模式也会更加的完善，从而为生物质发电燃料供应的运行机制提供更加有力和完善的理论和方法保障。

参考文献

[1] Ebers A, Malmsheimer RW, Volk TA, et al. Inventory and classification of United States federal and state forest biomass electricity and heat policies [J]. *Biomass and Bioenergy*, 2016, 84: 67 - 75.

[2] Caputo AC, Palumbo M, Pelagagge PM, et al. Economics of biomass energy utilization in combustion and gasification plants: effects of logistic variables [J]. *Biomass and Bioenergy*, 2005, 28 (1): 35 - 51.

[3] Klein D, Wolf C, Schulz C, et al. Environmental impacts of various biomass supply chains for the provision of raw wood in Bavaria, Germany, with focus on climate change [J]. *Science of the Total Environment*, 2016, 539: 45 - 60.

[4] Mobini M, Sowlati T, Sokhansanj S. Forest biomass supply logistics for a power plant using the discrete - event simulation approach [J]. *Applied Energy*, 2011, 88 (04): 1241 - 1250.

[5] Gerber L, Gassner M, Maréchal F. Systematic integration of LCA in process systems design: application to combined fuel and electricity production from lignocel - lulosic biomass [J]. *Computers and Chemical Engineering*, 2011, 35 (07): 1265 - 1280.

[6] Cosic B, Stanic Z, Duic N. Geographic distribution of economic potential of agricultural and forest biomass residual for energy use: Case study Cro-

atia [J]. *Energy*, 2011, 36 (04): 2017 - 2028.

[7] Cucek L, Varbanov PS, Klemeš JJ, et al. Total footprints - based multi - criteria optimisation of regional biomass energy supply chains [J]. *Energy*, 2012, 44 (1): 135 - 145.

[8] Dautzenberg K, Hanf J. Biofuel chain development in Germany: Organisation, opportunities, and challenges [J]. *Energy Policy*, 2008, 36 (1): 485 - 489.

[9] Nunes LJR, Matias JCO, Catalão JPS. Biomass in the generation of electricity in Portugal: A review [J]. *Renewable and Sustainable Energy Reviews*, 2016.

[10] Zhao ZY, Yan H. Assessment of the biomass power generation industry in China [J]. *Renewable Energy*, 2012, 37 (1): 53 - 60.

[11] 高文永. 中国农业生物质能源评价与产业发展模式研究 [D]. 中国农业科学院, 2010.

[12] 刘页辰. 我国农业生物质能源产业发展问题研究 [D]. 保定: 华北电力大学, 2013.

[13] 蔡亚庆, 仇焕广, 徐志刚. 中国各地区秸秆资源可能源化利用的潜力分析 [J]. 自然资源学报, 2011, 26 (10): 1637 - 1646.

[14] 杨鹏宇. 北京市农村生物质能利用现状与发展研究 [D]. 北京工业大学, 2015 (6).

[15] 刘建胜. 我国秸秆资源分布及利用现状的分析 [D]. 北京: 中国农业大学, 2005 (2).

[16] Ren J, Sovacool BK. Prioritizing low - carbon energy sources to enhance China's energy security [J]. *Energy Conversion and Management*, 2015, 92: 129 - 136.

[17] Tan Z, Chen K, Liu P. Possibilities and challenges of China's for-

estry biomass resource utilization [J]. *Renewable and Sustainable Energy Reviews*, 2015, 41: 368-378.

[18] Liu J, Wang S, Wei Q, et al. Present situation, problems and solutions of China's biomass power generation industry [J]. *Energy Policy*, 2014, 70: 144-151.

[19] 闫庆友, 陶杰. 中国生物质发电产业效率评价 [J]. 运筹与管理, 2015, 24 (1): 173-178.

[20] 陈聪, 李薇, 李延峰等. 生物质发电厂优化选址建模及决策研究 [J]. 农业工程学报, 2011, 27 (1): 255-260.

[21] Wang X, Cai Y, Dai C. Evaluating China's biomass power production investment based on a policy benefit real options model [J]. *Energy*, 2014, 73: 751-761.

[22] 谢莉娟. 流通商主导供应链模式及其实现 [J]. 经济理论与经济管理, 2014 (7): 103-112.

[23] 檀勤良, 邓艳明, 赵建英, 魏咏梅, 张兴平. 基于基金组织模式的生物质燃料供给研究 [J]. 中国管理科学, 2016 (9), 24 (9), 99-105.

[24] 张永, 陈晓娇, 景月明. 生物质能供应链的系统动力学建模研究 [J]. 物流技术, 2009b, (10): 114-116.

[25] 梁歌, 王琳颖, 张永, 俞强. 基于系统动力学的生物质供应组织结构绩效研究 [J]. 物流技术, 2012, 9: 185-188.

[26] 钱志新, 唐高哲. 生物质电厂集成化供应链系统研究 [J]. 现代管理科学, 2010 (6), 5-7.

[27] 邢爱华, 刘罡, 王垚, 魏飞, 金涌. 生物质资源收集过程成本、能耗及环境影响分析 [J]. 过程工程学报, 2008 (4), 305-313.

[28] 俞宏德, 王勤辉, Klein E. Ileleji, 余春江, 骆仲泱, 岑可法. 生物质电厂燃料物流系统的优化和分析 [J]. 农业工程学报, 2010, 26

(12)：293 - 297.

[29] 鲍香台, 张永, 林哲建, 梁歌. 生物质能供应链收集运输方式的仿真优化研究. 物流技术 [J], 2011, 12：165 - 168.

[30] 张永, 陈晓娇, 景月明. 生物质能供应链的系统动力学建模研究 [J]. 物流技术, 2009b, (10), 114 - 116.

[31] 钱志新, 唐高哲. 生物质电厂集成化供应链系统研究 [J]. 现代管理科学, 2010 (6), 5 - 7.

[32] 周育红, 花海蓉, 乔启成. 中国农作物秸秆回收利用体系框架初探 [J]. 农学学报, 2014, 4：51 - 54.

[33] 梁歌, 王琳颖, 张永, 俞强. 基于系统动力学的生物质供应组织结构绩效研究 [J]. 物流技术, 2012, 31：185 - 188.

[34] 魏巧云. 生物质发电秸秆供应链物流成本研究 [D]. 北京：中国农业大学, 2014.

[35] 邢爱华, 刘罡, 王垚, 魏飞, 金涌. 生物质资源收集过程成本、能耗及环境影响分析 [J]. 过程工程学报, 2008, 8 (2)：305 - 313.

[36] 李正欣. 基于成本分析的生物质发电厂燃料收集机制研究 [C]. 2006 年节能与可再生能源发电技术研讨会论文集.

[37] 郝德海, 董玉平, 刘岗. 理想状态下农作物秸秆的收集成本数学模型探析 [C]. 2005 年中国生物质能技术与可持续发展研讨会论文集.

[38] 冯志华. 生物质发电产业发展战略研究 [D]. 保定：华北电力大学, 2011.

[39] 相龙方, 李军, 王继荣, 宋大伟. 生物质燃料发电供应链博弈分析 [J]. 物流技术, 2011 (6)：98 - 100.

[40] KrukanontaP, Prasertsanb S. Geographical distribution of biomass and potential sites of rubber wood fired power plants in Southern Thailand [J]. *Biomass and Bioenergy*, 2004, 26：47 - 59.

[41] Johansson, UL. Estimating Swedish biomass energy supply [J]. *Biomass and Bioenergy*, 1999, 17: 85 – 93.

[42] 聂钰. 电厂稻杆资源采购模式比较研究 [J]. 企业管理, 2009 (6).

[43] 王学锋, 迟瑞娟, 张义斌, 周尊国. 生物质发电燃料物流成本分析 [J]. 安徽农学通报, 2007, 13 (7): 198 – 200.

[44] 张展, 王利生, 张培栋, 郭阳耀. 区域稻杆资源最优化收集路径与运输成本分析 [J]. 可再生能源, 2009, 27 (3): 102 – 106.

[45] 王胜曼. 稻杆发电工程技术经济分析 [D]. 保定: 河北农业大学, 2008.

[46] Sokhansanj S, Kumar A, Turhollow AF. Development and implementation of integrated biomass supply analysis and logistics model (IBSAL) [J]. *Biomass and Bioenergy*, 2006, 30 (10): 838 – 847.

[47] Dyken SV, Bakken BH, Skjelbred HI. Linear mixed – integer models for biomass supply chains with transport, storage and processing [J]. *Energy*, 2010, 35 (3): 1338 – 1350.

[48] Papapostolou C, Kondili E, Kaldellis JK. Development and implementation of an optimization model for biofuels supply chain [J]. *Energy*, 2011, 36: 6019 – 6026.

[49] GiarolS, ZamboniA, BezzoF. Environmentally conscious capacity planning and technology selection for bioethanol supply chains [J]. *Renewable Energy*, 2012, (43): 61 – 72.

[50] Ebadian M, SowlatiT, SokhansanjS, et al. Modeling and analyzing storage systems in agricultural biomass supply chain for cellulosic ethanol production [J]. *Applied Energy*, 2013 (102): 840 – 849.

[51] Cucek L, Varbanov PS, Klemeš JJ, et al. Total footprints – based multi – criteria optimization of regional biomass energy supply chains [J]. *Ener-*

gy, 2012, 44 (1): 135 – 145.

[52] Gerber L, Gassner M, Maréchal F. Systematic integration of LCA in process systems design: Application to combined fuel and electricity production from lignocellulosic biomass [J]. *Computers & Chemical Engineering*, 2011, 35 (7): 1265 – 1280.

[53] Awudu I, Zhang J. Stochastic production planning for a biofuel supply chain under demand and price uncertainties [J]. *Applied Energy*, 2013, 103: 189 – 196.

[54] Özk V, Hüseyin B. Multi – objective optimization of closed – loop supply chains in uncertain environment [J]. *Journal of Cleaner Production*, 2013, (41): 114 – 125.

[55] Anderson DL, Lee H. Synchronised Supply Chains: The New Frontier [J]. *Achieving Supply Chain Excellence Through Technology*, 1999, 6 (1): 56 – 59.

[56] Simatupang TM, Sridharan R. The Collaborative Supply Chain [J]. *The International Journal of Logistics Management*, 2002, 13 (1): 15 – 30.

[57] Daugherty PJ, Richey RG, Roath AS. Is Collaboration Paying off for Firms? [J] *Business Horizons*, 2006, 49 (1): 61 – 70.

[58] Holweg M, Disney S. Supply Chain Collaboration: Making Sense of the Strategy Continuum [J]. *European Management Journal*, 2005, 23 (2): 170 – 181.

[59] Sari K. Inventory Inaccuracy and Performance of Collaborative Supply Chain Practices [J]. *Industrial Management & Data Systems*, 2008, 108 (4): 495 – 509.

[60] Sheu C, Yen HR, Chae B. Determinants of Supplier – Retailer Collaboration: Evidence from an International Study [J]. *International Journal of*

Operations & Production Management, 2006, 26 (1): 24-49.

[61] Cassivi L. Collaboration Planning in A Supply Chain [J]. Supply Chain Management: An International Journal, 2006, 11 (3): 249-258.

[62] 刘胜华. 电子商务环境下供应链协同管理研究 [J]. 科技进步与对策, 2005, 22 (10): 166-167.

[63] Skjoett-Larsen T, Thernøe C, Andresen C. Supply chain collaboration: Theoretical perspectives and empirical evidence [J]. International journal of physical distribution & logistics management, 2003, 33 (6): 531-549.

[64] Chen MC, Yang T, Li HC. Evaluating the Supply Chain Performance of IT-Based Inter-Enterprise Collaboration [J]. Information & Management, 2007, 44 (06): 524-534.

[65] Co HC, Barro F. Stakeholder Theory and Dynamics in Supply Chain Collaboration [J]. International Journal of Operations & Production Management, 2009, 29 (6): 591-611.

[66] Chen TH, Chen JM. Optimizing Supply Chain Collaboration Based on Joint Replenishment and Channel Coordination [J]. Transportation Research Part E, 2005, 41 (04): 261-285.

[67] Kreng VB, Chen FT. The Benefits of a Cross-Docking Delivery Strategy: A Supply Chain Collaboration Approach [J]. Production Planning & Control, 2008, 19 (3): 229-241.

[68] Fu YH, Piplani R. Supply-Side Collaboration and Its Value in Supply Chains [J]. European Journal of Operational Research, 2004, 152 (01): 281-288.

[69] Simatupang TM, Sridharan R. The Collaboration Index: A Measure for Supply Chain Collaboration [J]. International Journal of Physical Distribution & Logistics Management, 2005, 35 (1): 44-62.

[70] Ramanathan U. How Smart Operations Help Better Planning and Replenishment? Empirical Study - Supply Chain Collaboration for Smart Operations [M]. Supply Chain Management in the Big Data Era. IGI Global, 2017: 25 - 49.

[71] Gunasekaran A, Subramanian N, Rahman S. Green supply chain collaboration and incentives: Current trends and future directions [J]. Transportation Research Part E: Logistics and Transportation Review, 2015, 74: 1 - 10.

[72] Ito T, Salleh MR. A Blackboard - based Negotiation for Collaborative Supply Chain System [J]. Journal of Materials Processing Technology, 2000, 107 (01): 398 - 403.

[73] Simatupang TM, Sridharan R. An Integrative Framework for Supply Chain Collaboration [J]. The International Journal of Logistics Management, 2005, 16 (2): 257 - 274.

[74] Chow PS, Wang Y, Choi TM, et al. An experimental study on the effects of minimum profit share on supply chains with markdown contract: Risk and profit analysis [J]. Omega, 2015, 57: 85 - 97.

[75] Saha S, Goyal SK. Supply chain coordination contracts with inventory level and retail price dependent demand [J]. International Journal of Production Economics, 2015, 161: 140 - 152.

[76] Jin Y, Wang S, Hu Q. Contract type and decision right of sales promotion in supply chain management with a capital constrained retailer [J]. European Journal of Operational Research, 2015, 240 (2): 415 - 424.

[77] Zhang B, Lu S, Zhang D, et al. Supply chain coordination based on a buyback contract under fuzzy random variable demand [J]. Fuzzy Sets and Systems, 2014, 255: 1 - 16.

[78] Hu F, Lim CC, Lu Z. Optimal production and procurement decisions in a supply chain with an option contract and partial backordering under uncertain-

ties［J］. *Applied Mathematics and Computation*，2014，232：1225－1234.

［79］黄海明. 零售商主导下的两级供应链收益共享契约研究［D］. 广州：华南理工大学，2013（4）.

［80］孟庆松，韩文秀，金锐. 科技—经济系统协调模型研究［J］. 天津师大学报（自然科学版），1998，18（04）：8－12.

［81］吴彤. 自组织方法论研究［M］. 北京：清华大学出版社，2001.

［82］Haken H. Synergetics［J］. *IEEE Circuits and Devices Magazine*，1988（11）：3－7.

［83］Haken H. Synergetics and Computers［J］. *Journal of Computational and Applied Mathematics*，1988，22（2－3）：197－202.

［84］Haken H. Learning in Synergetic Systerm for Pattern Recognition and Association Action［J］. *Condensed Matter*，1988，71（04）：521－526.

［85］H. 哈肯. 信息与自组织［M］. 四川：四川教育出版社，2010.

［86］H. 哈肯. 协同学：大自然构成的秘密［M］. 上海：上海世纪出版集团，2005.

［87］H. 哈肯. 高等协同学［M］. 北京：科学出版社，1989.

［88］丁铭华. 基于自组织的企业集团资源协同管理研究［D］. 上海：同济大学，2008.

［89］Abdolvahab M. A synergetic model for human gait transitions［J］. *Physica A：Statistical mechanics and its Applications*，2015，433：74－83.

［90］Oksengendler BL, Maksimov SE, Turaeva NN, et al. Synergetic theory of catastrophic failures in the problem of radiation stability of solid－state electronics materials［J］. *Nuclear Instruments and Methods in Physics Research Section B：Beam Interactions with Materials and Atoms*，2014，326：45－47.

［91］Lazarevic MP. Elements of mathematical phenomenology of self－organization nonlinear dynamical systems: Synergetics and fractional calculus approach [J]. *International Journal of Non-Linear Mechanics*, 2015, 73: 31-42.

[92] 韦德里希, H. 哈肯. 定量社会学 [M]. 四川: 四川人民出版社, 1986.

[93] 郭治安. 协同学入门 [M]. 四川: 四川人民出版社, 1988.

[94] 林超然, 胡皓. 系统学——软科学的基础理论 [J]. 中国软科学, 1987 (01): 29-33.

[95] 徐浩鸣, 徐建中, 康姝丽. 基于耗散结构与混沌理论的中国企业兼并研究 [J]. 科学学与科学技术管理, 2003, 24 (01): 98-102.

[96] 乔崇扬. 耗散结构、协同学理论的运用与企业的发展 [J]. 山西财经学院学报, 1993 (02): 22-23.

[97] 武春友, 刘岩, 王恩旭. 基于哈肯模型的城市再生资源系统演化机制研究 [J]. 中国软科学, 2009 (11): 154-159.

[98] 王祥兵, 张学立. 货币政策传导系统协同演化机制研究——基于哈肯模型的理论与实证分析 [J]. 管理评论, 2014 (11): 57-66.

[99] 苏屹. 耗散结构理论视角下大中型企业技术创新研究 [J]. 管理工程学报, 2013 (02): 107-114.

[100] 苏屹. 基于系统科学的协同创新理论分析方法研究 [J]. 科研管理, 2013, 34 (12): 140-144.

[101] 王岩, 刘志华. 协同学视阈下的教育治理体系现代化 [J]. 教育评论, 2016 (01): 3-5.

[102] 涂振洲, 顾新. 基于知识流动的产学研协同创新过程研究 [J]. 科学学研究, 2013, 31 (09): 1381-1390.

[103] 李锐, 鞠晓峰, 刘茂长. 基于自组织理论的技术创新系统演化机理及模型分析 [J]. 运筹与管理, 2010, 01: 145-151.

[104] 白俊红, 陈玉和, 李婧. 企业内部创新协同及其影响要素研究

[J]．科学学研究，2008，26（02）：409－413．

［105］秦书生．现代企业自组织运行机制［J］．科学学与科学技术管理，2001，22（02）：38－41．

［106］李琳，刘莹．中国区域经济协同发展的驱动因素——基于哈肯模型的分阶段实证研究［J］．地理研究，2014，33（09）：1603－1616．

［107］王继红，程春梅，史宪睿．基于突变论视角的企业系统演化研究［J］．科研管理，2015，1．

［108］邹辉霞．供应链协同管理：理论与方法［M］．北京：北京大学出版社，2007．

［109］郑东，李建华，张欣伟．汽车制造商与供应商供需系统的协同学分析［J］．中国软科学，2010（03）：152－160．

［110］徐绪松，郑小京．定性分析的工具——探索图、循环图、结构图［J］．技术经济，2010，29（05）：1－6．

［111］Langevin P. Sur la théorie du mouvement brownien［J］．*CR Acad. Sci. Paris*，1908，146（530－533）：530．

［112］Al－Agtash S，Su R. Economic efficiency of coordinated multilateral trades in electricity markets［J］．*Electric Power System*，2003，24（10）：843－850．

［113］张雷．基于复杂系统理论的火电企业节能减排绩效评价模型研究［D］．保定：华北电力大学，2015．

［114］王其藩．系统动力学［M］．北京：清华大学出版社，2009．07．

［115］Forrester JW. The next fifty years［J］．*System Dynamics Reviews*，2007（23）：359－370．

［116］Yuan HP，Chini Abdol R，Lu YJ，L Shen. A dynamic model for assessing the effects of management strategieson the reduction of construction and demolition waste［J］．*Waste Management*，2012（32）：521－531．

[117] Cecchini M, Ecker J, Kupferschmid M, LeitchR. Solving nonlinear principal – agent problems using bilevel programming [J]. *European Journal of Operational Research*, 2013, 230 (2): 364 – 373.

[118] Ulhøi JP. Revisiting the principal - agent theory of agency: comments on the firm - level and cross - national embeddedness theses [J]. *Journal of Organizational Behavior*, 2007, 28 (1): 75 – 80.

[119] Hodgson GM, Knudsen T. Generalized Darwinism and Evolutionary Economics: From Ontology to Theory [J]. *Biological Theory*, 2011, 6 (4) 326 – 337.

[120] Tako A A, Robinson S. The application of discrete event simulation and system dynamics in the logistics and supply chain context [J]. *Decision Support Systems*, 2012, 52 (4): 802 – 815

[121] Kumar S, Nigmatullin A. A system dynamics analysis of food supply chains – Case study with non – perishable products [J]. *Simulation Modelling Practice & Theory*, 2011, 19 (10): 2151 – 2168.

[122] Campuzano F, Mula J, Peidro D. Fuzzy estimations and system dynamics for improving supply chains [J]. *International Journal of Production Research*, 2010, 161 (11): 1530 – 1542.

[123] Yang Y, Liu ZX. A System Dynamic Model of Vendor Managed Inventory and Third Party Logistics [J]. *Systems Engineering*, 2007, 25 (7) 38 – 44.

索　引

C

成本分担契约　19

成型燃料　1

F

非平衡相变　50

负反馈回路　70

G

供应链　7

H

耗散结构理论　28

J

绝热消去原理　36

K

控制论　28

L

郎之万方程　57

M

模糊模式识别　112

N

农村正式组织　113

Q

期货期权契约　130

S

三角模糊数　112

熵值赋权法　36

收益共享契约　19

T

突变论　28

X

系统动力学　12

系统论　28

协同度　18

协同度参量　36

协同学　21

协同学理论　28

信息论　28

序参量	47	有序度	35
Y		**Z**	
一致性检验	95	正反馈回路	70
异质利益主体	21	装机容量	2
役使原理	36	自组织理论	30
因果回路图	70	阻尼参数	63
应链管理	15		